Joseph Friedrich Schall

Ausführliche Anleitung zur Restauration

vergelbter, fleckiger und beschädigter Kupferstiche, u.s.w., nebst einer kurzen Beschreibung der verschiedenen Arten des Kupferstichs

Joseph Friedrich Schall

Ausführliche Anleitung zur Restauration
vergelbter, fleckiger und beschädigter Kupferstiche, u.s.w., nebst einer kurzen Beschreibung der verschiedenen Arten des Kupferstichs

ISBN/EAN: 9783743648449

Hergestellt in Europa, USA, Kanada, Australien, Japan

Cover: Foto ©Thomas Meinert / pixelio.de

Weitere Bücher finden Sie auf **www.hansebooks.com**

Ausführliche Anleitung

zur

Restauration vergelbter, fleckiger und beschädigter Kupferstiche u. s. w.

nebst

einer kurzen Beschreibung

der verschiedenen Arten des Kupferstichs, sowie des Holzschnittes und der Lithographie

und

einem Verzeichniss vorzüglicher Kupferstecher und Lithographen, ihrer bedeutendsten Werke und der Maler oder Zeichner nach welchen jene gearbeitet haben.

Von

J. Fr. Schall,
Professor,
Verfasser eines Leitfadens zum Elementarunterricht im freien Handzeichnen.

Leipzig,
Rudolph Weigel.
1863.

Vorwort.

Im Jahre 1812 wurde in Breslau eine, gegen 30,000 Blätter enthaltende, Sammlung von Kupferstichen öffentlich versteigert. Dieselbe enthielt bei einer Menge unbedeutender Blätter aber auch solche von vorzüglichem Kunstwerth, und es gewährte mir um so mehr ein grosses Vergnügen, in meinen Mussestunden der Auction beizuwohnen, da ich bis dahin wenig gute Kunstsachen gesehen und hier Gelegenheit fand, meine Kenntnisse in dieser Beziehung zu erweitern. Obgleich ich niemals die Absicht hatte, eigentlicher Sammler zu werden, auch meine Verhältnisse bedeutende Ankäufe nicht erlaubten, so erwarb ich doch bei den geringen Preisen mehrere Blätter, an welchen ich damals Gefallen fand, von denen sich aber gegenwärtig nur noch wenige in meinem Besitze befinden, da ich bald dahin gelangte, meinen Geschmack zu läutern und das wahrhaft Schöne von dem Manierirten, nur das Auge Blendenden zu unterscheiden. Eben so wenig habe ich aber auch später gestrebt, solche Sachen zu erwerben, welche als Seltenheiten ungewöhnlich hohe, ihrem inneren Werth nicht entsprechende Preise haben und oft nur in kunsthistorischer Hinsicht wichtig sind, ohne den Schönheitssinn zu befriedigen. Die Neigung, mir eine, wenn auch nur kleine Auswahl guter Kupferstiche anzueignen, war durch obige Versteigerung angeregt, ich erwarb Einiges von Kunsthändlern, wobei ich vorzüglich mein Augenmerk auf Nachbildungen der Werke Raphaels und einiger andern vorzüglichen Maler richtete und suchte mir auch aus den Kunstauctionen in Leipzig, Wien, München u. s. w. Manches zu verschaffen, worunter sich denn auch mehrere vergelbte oder sonst beschädigte Blätter befanden. Nun entstand der Wunsch, dergleichen wieder herstellen zu können. Die in jener Zeit erschienene 1. Auflage einer Anleitung zum Reinigen der Kupferstiche von Lucanus sollte mir hier zur Belehrung dienen. Ich fand die Behandlung durch die Sonnenbleiche angegeben und versuchte dieselbe. Wenn auch dadurch das Papier weisser und mancher leichte Flecken beseitigt wurde, so genügte mir doch das, durch verschiedene Unbequemlichkeiten sehr erschwerte Verfahren nicht; auch vermisste ich eine Anweisung, wie das durch die Nässe rauh gewordene Papier wieder seine frühere Glätte erhalten, d. h. wie der Kupferstich lüstrirt werden könne, was zu einer vollständigen Wiederherstellung wesentlich nöthig ist. — Durch Nachdenken und einige über Erwarten gelungene Versuche bildete ich mir eine Behandlungsweise bei Restaurirung von Kupferstichen, wodurch ich durch eine Reihe von mehr als 40 Jahren tausende, grösstentheils sehr werthvolle Blätter vom Untergange gerettet und denselben ihre ursprüngliche Schönheit wiedergegeben habe. Obgleich ich nun das von mir angewendete Verfahren einigen meiner Kunstfreunde auf die uneigennützigste Weise mitgetheilt, um dasselbe nicht mit meinem Tode verloren gehen zu lassen, so habe ich mich doch jetzt auf mehrfachen Wunsch entschlossen, solches niederzuschreiben, um dadurch vielleicht noch Anderen nützlich zu werden, daher ich die ganze Behandlung umständlich und ohne allen Rückhalt auseinandersetze. — Da es für Kupferstichsammler und Liebhaber von Interesse ist, über die verschiedenen Arten des Kupferstichs, die Holzschneidekunst und Lithographie sich zu unterrichten, was nicht immer durch Augenschein möglich oder doch zu umständlich ist, so will ich hierüber in Kürze das Wichtigste beifügen. Nur die beiden leichtesten Arten, das Radiren und die Tuschmanier, werde ich so ausführlich beschreiben, dass ein nur einigermaassen geübter Zeichner sich darin versuchen kann, was vielleicht Manchem in Mussestunden eine angenehme Beschäftigung gewähren dürfte. Da ferner solche Kunstliebhaber, welche sich nur eine kleine, aber gediegene Auswahl von Kunstblättern aneignen wollen, oft in Verlegenheit sind, nach welchen sie besonders zu streben haben, auch sich mit den vorzüglichsten Meistern, durch welche sie entstanden, bekannt zu machen wünschen, so werde ich auch hierin zu genügen suchen und ein Verzeichniss dieser Künstler mit Angabe ihres Geburts- und Todesjahres und Ortes, sowie ihrer bedeutendsten Werke folgen lassen, und endlich auch derjenigen Maler oder Zeichner, nach welchen diese gestochen oder lithographirt sind; was mir um so leichter möglich ist, als ich schon vor einigen Jahren ausführliche Kataloge meiner aus mehr als 800 der vorzüglichsten Blätter in gewähltesten Drücken

bestehenden Sammlung oder vielmehr Auswahl des Besten angefertigt habe, von welchen nur ein kleiner Theil, von weniger allgemeinem Interesse, unerwähnt bleibt. — Und so möge diese meine, noch im 78. Jahre unternommene letzte Arbeit Kunstliebhabern zur Erleichterung dessen dienen, was ich durch eine so lange Zeit nur mühsam zu erreichen im Stande war.
Breslau, 1863.

J. Fr. Schall.

I.
Anleitung zur Restauration von Kupferstichen u. dgl.

1. Angabe der zur Reinigung nöthigen Hülfsmittel.

Das Bleichbrett, welches bei der Reinigung gebraucht wird, lässt man von altem trockenem Kiefernholz anfertigen, welches jedoch frei von Knorren und kienigen Stellen sein muss. Seine Länge sei 40 Zoll, die Breite 28 Zoll und die Dicke $3/4$ Zoll. Die Bretter, aus denen es zusammengesetzt wird, dürfen nicht bloss zusammengeleimt sein, sondern sie müssen auch vermittelst einer sogenannten Nuth aneinandergefügt werden. Es muss auf der Rückseite 2 ziemlich breite und starke Einschiebeleisten von hartem Holze erhalten, welche jedoch nicht eingeleimt sein dürfen. An den beiden kurzen Seiten kommen auf der obern Fläche, $1/2$ Zoll vom Rande, abgerundete Leisten, etwa $1/4$ Zoll hoch und dick, um das Ablaufen des Wassers nach der Seite zu verhüten, welche aber ebenfalls nur eingeschoben werden müssen. Alle Kanten des Brettes sind etwas abzuschärfen. —

Dann sind nöthig:

Zwei grosse Reissbretter, 38 Z. lang, 28 Z. breit, $3/4$ Z. dick, von Erlen oder einem andern harten Holze. Wegen ihrer Grösse ist es zweckmässig, dass diese auch Einschiebeleisten erhalten, damit sie sich nicht so leicht werfen. Wenn man glaubt, 2 grosse Blätter zu derselben Zeit reinigen zu wollen, dann kann man noch ein Brett von Fichten- oder Kiefernholz und mit Herrnleisten machen lassen, 2 Zoll breiter und länger, um es zwischen die beiden vorigen beim Pressen oder zum Aufziehen grosser Blätter zu gebrauchen. Zwei Reissbretter von beliebiger, sich nicht leicht werfender Holzart mit Herrnleisten, etwas kürzer als der Raum zwischen den Einschiebeleisten der beiden grossen Blätter und von angemessener Breite und Dicke. — Hat man die Absicht an einem Vormittage, als der zweckmässigsten Tageszeit, eine Anzahl Blätter in 3 Abtheilungen zu reinigen, so werden zwei noch etwas kleinere Reissbretter als die letzteren, aber von gleicher Beschaffenheit, erforderlich sein. Alle diese Bretter müssen sehr sorgfältig gearbeitet und besonders glatt gehobelt werden. Ferner noch 1 Brettchen 10 Z. lang, 4 Z. breit und $1/4$ Z. stark. Zwei ordinäre Stühle, worauf das Bleichbrett gelegt und das Erforderliche gestellt wird.

Ein Gefäss, in welches das Wasser beim Bleichen abläuft und dessen innerer Raum 2 Z. kürzer sein muss als das Bleichbrett. Ein gewöhnlicher Trog ist hierzu sehr zweckmässig; da aber ein solcher jetzt sehr schwer zu haben sein dürfte, so kann eine viereckige Wanne von Zinkblech, etwa 6 Z. hoch und 6 Z. breit und auf den schmalen Seiten mit Handhaben versehen, dieselben Dienste leisten.

Eine ähnliche Wanne, 30 Z. lang, 14 Z. breit, 12 Z. hoch, zum Einweichen grosser Blätter; bei kleinen ist eine Mulde von Holz anwendbar.

Ein grosser Topf mit 2 Henkeln zum Wasser, etwas niedriger als die beiden Stühle, ein kleiner Topf, etwa 6 Z. hoch, zum Ausspülen des Bleichpinsels; ein kleines Töpfchen, welches etwa eine Tasse Wasser enthält, zum Ausschöpfen, sowie eine Untertasse, um dieses hineinzustellen und ein kleines Becken zu Wasser.

Eine gewöhnliche Bierflasche zum Bleichwasser, eine kleinere Flasche zum Aufbewahren übrig bleibender Reste desselben und eine gewöhnliche Medicinflasche von mittlerer Grösse zu Bleichwasser, um dieses während der Arbeit in kleineren Quantitäten bequemer aufgiessen zu können, als es aus der grossen Flasche möglich ist, und dann noch ein ähnliches Fläschchen zu Kleesalz-Auflösung.

Ein Pinsel von weichen und langen Borsten in der Stärke eines Daumens und ein ähnlicher in nur mässiger Fingerstärke. Beide Pinsel müssen vor dem Gebrauch mit heissem Wasser gut gereinigt werden, damit aller Schmutz daraus entfernt wird. Hierbei ist zu bemerken, dass der kleinere Pinsel, welcher zum Vertheilen des Bleichwassers auf den Kupferstichen dienen soll, durch dieses gelblich wird und sich mit der Zeit abnutzt, wogegen Papier und Hände davon nicht angegriffen werden, weshalb dieser, wenn die weichen Spitzen der Borsten sich abgenutzt haben und er dadurch kürzer und straffer wird, durch einen andern zu ersetzen ist. — Ein Fischpinsel, wie er zum Oelmalen gebraucht wird, der aber Spitze halten muss, in der Stärke einer gewöhnlichen Federpose, zum Auftragen der Kleesalz-Auflösung und auch des Leimes beim Aufspannen, und ein etwas dünnerer zur Anwendung des Stärkekleisters.

Ein nicht scharfes Messer mit abgerundeter Spitze, in der

Art wie ein Kindertischmesser; eine Art Radirmesser, also mit abgerundeter Schneide und scharfer Spitze, zum Herausschneiden der Knoten des Papiers u. s. w. und ein gewöhnliches, aber starkes Federmesser mit scharfer Spitze, zum Beschneiden der Ränder u. dgl.

Ein gerades Falzbein und mehrere Streifen glattes Papier etwa 5 Z. lang und $1^1/_2$ Z. breit zum Niederdrücken der Brüche und Anreiben aufgelegten Papieres.

Nach Erforderniss eine ziemliche Anzahl Streifen Florpapier 4 Z. lang und $^1/_2 - ^3/_4$ Z. breit, welches aber nicht geschnitten, sondern gebrochen, mit der Zunge befeuchtet und auseinandergerissen wird. Man muss es von verschiedener Weisse und Dünne haben, weil es sich nach der Farbe und Stärke des Papiers richten muss, worauf der Kupferstich gedruckt ist. Bei dünnen Papieren muss auch das Florpapier sehr schwach sein. Das frühere mit Wasserlinien ist seiner Weichheit wegen am besten, ist aber fast nur noch aus Auctionen mit den gekauften Kupferstichen zu erhalten. Bei dem neueren Maschinenflorpapier muss man besonders auf Milde sehen.

Zwei Buch ungeleimtes möglichst starkes Druckpapier in gross Kanzleiformat und zwar wo möglich geschöpftes d. h. sogenanntes Büttenpapier; welches aber ausgesucht gut, möglichst stark und nicht faltig sein darf. Alle Knoten und Sandkörner müssen sorgfältig entfernt und die rauhen Ränder gerade und rechtwinklig beschnitten werden. Von diesem Papier werden 4 Bogen in Hälften parallel mit der kurzen Seite zerschnitten; mit der langen Seite gleichlaufend 8 Bogen in Hälften und 6 Bogen in Viertel. Von diesen Vierteln theilt man 6 nach ihrer Länge in 2 gleiche Theile und 2 nach der Breite. Es ist gut diese Papiere zwischen 2 starke Pappen im Format der ganzen Bogen zu verwahren; indem man die getheilten gleichmässig vertheilt, damit Alles in einiger Pressung bleibt. Es ist auch darauf zu sehen, dass die Papiere, welche zum Trocknen benutzt wurden, stets dazu und nicht zum Pressen verwendet werden, weil die Nässe sie unebener und daher zum Pressen nicht zweckdienlich macht.

Zum Pressen sind 4 schwere Steine oder auch Gewichte erforderlich. Bei kleineren Blättern kann man auch die in Haushaltungen vorhandenen Plätteisen oder Bolzen und andere schwere metallene Sachen benutzen. Mehrere Cartons oder glatte starke Pappen sind hierzu auch erforderlich.

Das Bleichwasser (Liquor chlori) wird in einem chemischen Laboratorium oder in einer Apotheke aus Chlor bereitet. In Breslau ist dasselbe in der Naschmarkt-Apotheke in vorzüglicher Qualität, die oben angegebene grosse Flasche voll, für 6 Sgr. zu erhalten.

Die Auflösung von Kleesalz bereitet man sich selbst und nimmt davon, fein pulverisirt, aus einer Apotheke für 1 Sgr., schüttet es in ein Weinglas und giesst klares Brunnenwasser darauf, lässt es ein paar Stunden stehen, indem man es mehrere Male mit einem Federkiel umrührt. Wenn man bemerkt, dass sich von dem Bodensatz nichts mehr auflöst, so filtrirt man die Auflösung in ein anderes Glas durch weisses reines Druckpapier, wodurch man eine krystallhelle Flüssigkeit erhält, welche in dem dazu bestimmten Fläschchen aufbewahrt wird.

Das Wasser, welches in dem grossen Topf bereit zu halten ist, muss reines klares Brunnen- oder Quellwasser sein, vorzüglich frei von Eisentheilen. Das Bleichen geschieht am besten und wirksamsten bei warmem Wetter und bei geöffnetem Fenster, in dessen Nähe und mit dem Gesicht gegen dasselbe gekehrt, man es schon des deutlichen Sehens wegen unternimmt und um von dem ziemlich starken Geruch des Chlors nicht belästiget zu werden.

2. Vorbereitung zur Reinigung.

Die zu reinigenden Blätter werden zuerst regelmässig beschnitten. Symmetrie bei den Rändern ist für das Auge immer wohlgefällig, daher müssen diese, mit seltnen Ausnahmen, links, rechts und oben gleich breit, unten aber etwas breiter sein. Bei grossen Blättern ist es nicht rathsam, den Rand allzu breit zu lassen, sondern nur so, dass man das Blatt mit Daumen und Zeigefinger noch im Druck erfassen kann, weil das weisse unbedruckte Papier vermöge der Schwere, welche es durch das Wasser erhält, leicht einreisst. Das Beschneiden geschieht, wenn das Papier sehr mürbe ist, mit der Scheere, wo man dann die vermittelst eines Zirkels angegebene Breite des Randes durch Bleilinien am Lineal begrenzen muss. Diese Linien sind nicht nöthig, wenn das überflüssige Papier mit der scharfen Spitze eines kleinen Messers weggeschnitten wird, was allerdings schneller und bequemer ist. Die 4 Ecken stutzt man ein wenig ab, damit sie sich nicht so leicht umbiegen. Vorhandener Staub oder Rauch wird alsdann mit weichem Gummi elast. oder mit nicht zu neubackenem Brot entfernt. Im Bilde selbst geschieht dieses am besten, wenn man Brotkrume mit der flachen Hand in kreisförmiger Bewegung leicht darauf herumreibt und dieses ein paar Mal wiederholt, die Krumen aber jedesmal mit dem reinen Borstpinsel wieder entfernt. Oft ist dieses trockne Verfahren allein hinreichend, solche Blätter, welche nicht vergelbt sind oder keine andern Flecken haben, vollständig zu reinigen. Ist aber die Reinigung auf nassem Wege nothwendig, so muss man noch auf der Rückseite alle Brüche, welche man durch Unterlegen mit Florpapier beseitigen will, mit Bleistift-Klammern ( ) bemerken, da sie durch die Nässe oft unsichtbar werden, nach dem Trocknen oder beim Lüstriren aber wieder zum Vorschein kommen. Alles hier Angegebene ist vor dem zum Bleichen bestimmten Tage abzumachen, an welchem dann die Arbeit, wenn mehrere Sachen restaurirt werden sollen, ziemlich früh beginnen muss, weil man nie die Dauer derselben genau bestimmen kann. Es sollen nun z. B. an einem Vormittag 2 grosse Blätter, etwa wie die Raphael'schen Stanzen, 2 kleinere, ohngefähr wie die meisten Landschaften von Woollett und Vivares, mit schmalem Rande und vielleicht auch einige noch kleinere, wie z. B. Portraits von Bause, in 3 Abtheilungen gereinigt werden, nämlich jedes grosse allein, die 2 folgenden zusammen und ebenso die kleinen wieder auf einmal, so legt man sich diese Blätter so zur Hand, dass die grössten den Anfang machen können. Nun wird das zum Trocknen und Pressen bestimmte Druckpapier nach den verschiedenen Grössen auf einer hinreichenden Fläche irgend eines Möbels zurecht gelegt, dann ziemlich mitten im Zimmer, doch nicht zu weit von einem Fenster, eines der beiden grossen mit Einschiebeleisten versehenen Bretter auf einen Tisch, der grade nicht sehr gross zu sein braucht. Ein zweiter kleiner Tisch kommt rückwärts von diesem, jedoch so weit entfernt, dass man sich zwischen beiden frei bewegen kann. Das Gefäss zum Ablaufen des Wassers wird ziemlich nahe an ein Fenster mit einer der langen Seiten gestellt, die beiden Stühle links und rechts mit den Lehnen auswärts, in einer solchen Entfernung von dem Gefäss, dass das Bleichbrett, wenn es mit seinen schmalen Seiten auf den Stühlen etwa 4 Finger breit, und gleich mit der vorderen Kante derselben aufliegt, noch etwas über das Gefäss hinwegragt, damit das während der Arbeit etwa ablaufende Wasser in dasselbe sich ergiesst. Auf dem Stuhl links wird das Becken mit etwas Wasser und dem grossen Pinsel, die Untertasse und in diese das kleine Töpfchen gestellt, auf den zur rechten aber kommt der Topf mit dem kleineren Borstpinsel und etwas Wasser, das Fläschchen mit Bleichwasser, welches, wenn es nicht gebraucht wird, zugepfropft bleiben muss, und das Messer mit der abgerundeten Spitze. Die grosse Flasche mit Bleichwasser, die Kleesalzauflösung, ein kleines Weinglas zu dieser, wenn sie nöthig wird, und der grössere Fischpinsel müssen sich in der Nähe des Bleichbrettes, das kleine Brettchen aber, die Florpapierstreifen in dreifach verschiedener Weisse, die starken Papierstreifen, der kleinere Fischpinsel und das Falzbein nahe dem auf den Tisch gelegten grossen Brette befinden. — Der grosse Topf, ziemlich voll Wasser, kann mitten unter das Bleichbrett kommen, jedoch muss die Hälfte seiner Oeffnung vorstehen, um bequem einschöpfen zu können. Ueber die Stuhllehne rechts wird ein altes leinenes Taschentuch gelegt.

— Mittlerweile lässt man in einem ganz kleinen Töpfchen aus einer geringen Quantität feiner Weizenstärke einen nicht allzu dünnen Kleister kochen, von welchem, wenn er kühl geworden, die starre Haut abgenommen und der mit einem Theelöffel klar gerührt werden muss, damit er keine Knoten hat. Dieser wird auf das kleine Brettchen gestellt. Endlich ist es nöthig, für vorkommende Fälle ein Töpfchen mit heissem Wasser in der Küche parat stehen zu haben und dort in der Nähe des Ofens eine Schnur zum Aufhängen und Trocknen der nassen Papiere anzubringen.

3. Das nasse Reinigen oder Bleichen.

Sind mehrere Blätter hintereinander zu reinigen, so beginnt man mit dem grössten. Von der oberen Fläche des Bleichbrettes wird zuvörderst so viel hinreichend nass gemacht, als die Grösse des Kupferstichs erfordert, jedoch so, dass an der vordern Kante ohngefähr 4 Finger breit trocken bleibt, links und rechts eben so viel. Dieses Anfeuchten geschieht, indem man entweder mit dem grossen Pinsel Wasser darauf bringt, oder so viel nöthig aufgiesst und mit der flachen Hand ausbreitet. Auf diese nasse Stelle legt man das Blatt, mit der Rückseite oben, und wenn es breiter als hoch ist, mit seinem unteren Rande gegen das Fenster. Nun wird es, von links anfangend, parallel mit der schmalen Seite vermittelst des grossen Pinsels reichlich mit Wasser bestrichen. Das Blatt wird dabei ganz faltig, man muss also vorsichtig verfahren und nicht sehr aufdrücken, damit nicht Brüche entstehen Ist es nun vollständig durchnässt, dann hebt man es abwechselnd an den 4 Ecken in die Höhe, um die Falten durch wiederholtes Niederlassen und Andrücken mit der flachen Hand von der Mitte nach Aussen hinwegzuschaffen, so dass es an dem Brette möglichst anliegt. (Zum Losmachen von diesem an den Ecken bedient man sich des Messers mit der abgerundeten Spitze.) Hierauf wird, von links und dem gegen das Fenster liegenden Rande anfangend, aus der in der linken Hand gehaltenen kleinen Flasche das Bleichwasser allmählich aufgegossen und mit dem in der rechten befindlichen kleinen Borstpinsel gleichmässig nach rechts vertheilt und so fortgefahren bis zu dem nahe liegenden Rande. Die Einwirkung des Bleichwassers zeigt sich bald durch weisser werden des Papieres. Sind einzelne Stellen besonders vergelbt oder fleckig, so giesst man auf diese zuerst etwas Bleichwasser, damit sie der Einwirkung desselben länger ausgesetzt bleiben. Alte Oelflecken werden zwar etwas blässer, gehen aber nicht heraus und sind, wie später gezeigt wird, zu behandeln. Diese, sowie andere hartnäckige Flecken, auch solche kleine Stellen, wo das Papier nicht so durchsichtig wird, als die übrige

Fläche, betupft man stark mit der Spitze des Mittelfingers oder schlägt sie mit dem Pinsel; wodurch sich die Wirkung vermehrt. Zeigt sich aber das Papier dadurch fleckig, dass es nur stellenweise von der Nässe ganz durchdrungen ist, wie häufig bei ganz oder halb geleimtem Papier, so hat dieses nichts zu sagen und ist weiter nicht zu berücksichtigen, da es beim Trocknen wieder verschwindet. Hat man das Blatt eine Weile durch Hin- und Herstreichen mit dem Pinsel behandelt und es bleiben Stellen, welche sich von den weissgewordenen noch bedeutend unterscheiden, so giesst man etwas Wasser auf, vereinigt das Bleichwasser (welches gewöhnlich weisslich schäumt) damit und bringt das Brett gegen das Gefäss in eine schiefe Lage, in der es durch die Handhaben des Kastens, an welche man es anlehnt, erhalten wird, oder hält es auch in dieser eine kurze Zeit mit den Händen, so dass das Wasser abläuft; zieht es wieder herauf, trocknet an jenen Stellen mit dem alten Taschentuche das Wasser auf und behandelt dieselben noch einmal mit Bleichwasser. Zeigt sich keine Veränderung mehr, so überlässt man den weiteren Erfolg der Behandlung auf der Vorderseite und spült die Rückseite bei schieflehnendem Brette durch Wasseraufgiessen mit dem kleinen Töpfchen von oben, dabei von der Linken zur Rechten übergehend ab. Nachdem das Wasser abgelaufen, fasst man das Blatt auf beiden Seiten in der Nähe der entfernter liegenden Ecken an, hebt es behutsam in die Höhe und legt es langsam so auf, dass der vorhin gegen das Fenster liegende Rand nunmehr nach vorne und die Bildseite oben kommt. Gewöhnlich legt sich dann das Blatt von selbst ohne Falten an das Brett an, wo nicht, so entfernt man dieselben wie vorhin angegeben und behandelt nun die Vorderseite eben so wie die Rückseite. Bleiben auch jetzt noch einzelne gelbliche Stellen, oder werden die Ränder nicht gehörig weiss, so spült man das Blatt mit Wasser rein ab, trocknet dieses mit dem Tuche auf demselben auf, giesst etwas von der Kleesalzauflösung in ein Weinglas und bestreicht das was nöthig ist damit vermittelst des grossen Fischpinsels. Verlieren sich die hartnäckigen Flecken auch jetzt noch nicht, so würde ein fortgesetztes Verfahren nutzlos sein, sondern man lässt das Blatt erst ganz trocken werden, wo man durch Wiederholung dann oft noch sein Ziel erreicht sieht; wo nicht, dann bei einem zu anderer Zeit wiederholten Bleichen, zuweilen beim dritten Mal vollständig befriedigt wird. Nach vollendetem Bleichen muss das Blatt auf der Vorderseite mit Wasser durch behutsames Behandeln mit dem Bleichpinsel, besonders der dunklen Stellen, von Chlor und Kleesalz gehörig befreit, schief gestellt und vermittelst des Töpfchens abgespült werden. Dann wendet man es um, lässt durch Jemand das Brett abspülen, spült auch die Rückseite, wendet es wieder auf die Vorderseite, bringt das Brett in die horizontale Lage und wiederholt in dieser das Verfahren mit Wasser und dem Pinsel und das Abspülen wenigstens noch zweimal, damit nicht etwas von den Bleichmitteln zurückbleibt und beim Trocknen einen grauen Niederschlag bildet. Nachdem alles dieses geschehen, bleibt das Brett in schiefer Lage eine Weile stehen, bis das Wasser gut abgelaufen ist. Während dieses geschieht, legt man die Papiere, auf welche das Blatt beim Trocknen kommen soll, auf dem parat liegenden Brette zurecht (indem man erst nachsehen muss, wie viel ganze Bogen und noch welche verschiedene Theile derselben nöthig sind, um einen Raum zu bedecken, welcher etwas grösser ist, als das gebleichte Blatt), schiebt die verschiedenen Papiere genau aneinander, aber so, dass sie sich nirgends decken, damit dadurch auf dem Blatte keine Eindrücke entstehen, hebt nun dieses, nahe an den Ecken der einen schmalen Seite ablösend, behutsam vom Bleichbrett mit beiden Händen, trägt es so hängend an die eine schmale Seite des trocknen Brettes, lässt durch eine behülfliche Person die beiden anderen Ecken behutsam anfassen und die untere schmale Seite auf das Papier auflegen, selbst aber das Blatt allmählich auf dieses niedersinken. (Eine weitere Beihülfe ist nun nicht nöthig.) Hierauf nimmt man einen hiezu bestimmten Bogen Papier, legt diesen, an die lange Seite des Brettes tretend, an den Rändern etwas überstehend auf das Blatt und entfernt das noch darin befindliche Wasser durch starkes Aufschlagen mit der flachen Hand, so dass keine Stelle mehr glänzend erscheint. Dasselbe Papier wird dann sowohl nach rechts als nach unten weiter gelegt und das Schlagen mit der flachen Hand über das ganze Blatt fortgesetzt. Nun wird der Kupferstich quer über den, hinter dem Rücken stehenden, kleineren Tisch gelegt, alles nasse Papier zum Trocknen über die Schnur gehangen, trocknes, so wie das erste Mal, aufgelegt und der Kupferstich darauf, dann wieder ein Bogen Papier wie vorhin benutzt, nur mit dem Unterschied, dass man mit der flachen Hand statt zu schlagen, nach allen Richtungen streicht und dabei ziemlich aufdrückt, wodurch aus dem Blatte die Nässe sich noch mehr verliert. Dieses wird noch einmal auf den Tisch gelegt, die ganzen Bogen des feucht gewordenen Papiers aber werden über die Lehnen der im Zimmer befindlichen Stühle zum Trocknen gehangen, die kleineren Theile auf dieselben gelegt. Alsdann bringt man von dem zum Pressen ausgewählten Papiere, so viel nöthig, in derselben Art auf das Brett wie vorhin, auf dieses den Kupferstich, welcher dasselbe nicht ganz bedecken darf, und bedeckt diesen mit eben so viel Papier; jedoch so, dass das Zusammenstossen der einzelnen Theile an anderen Orten erfolgt, als an dem unten liegenden, legt das grössere Brett, rings um gleich viel überstehend, auf und behandelt den folgenden Kupferstich auf dieselbe Weise. Werden 2 oder mehrere Blätter auf einmal gereinigt, dann legt man sie so in Länge und Breite nahe an einander, dass dieses der Form des Bleichbrettes entspricht und verfährt dann wie bei einem einzelnen Blatte, nur ist es hier nothwendig, schon beim ersten Umwenden Jemand zur Hand zu haben, welcher das Bleichbrett abspült, und darauf zu achten, dass die Blätter beim Abspülen nicht von demselben herunterfahren, was leicht vorkommt, weshalb man die nebeneinander liegenden mit den Fingern festhält. Sind alle Blätter, welche man reinigen wollte, vollendet, so legt man die Steine auf die 4 Ecken des oberen Brettes, trocknet das Bleichbrett, spült den Pinsel rein und schafft die gebrauchten Sachen bei Seite. Gegen Abend werden alle Blätter noch einmal mit trockenem Papier versehen, am folgenden Morgen aber aus der Pressung herausgenommen, einzeln zwischen glatte Pappen oder Cartons gelegt und etwas Schweres, z. B. Mappen darauf, oder in diese zwischen ebeno' Blätter zum vollständigen Trocknen, welches, so wie das Umlegen am vorigen Abend, rasch geschehen muss, da sonst Falten entstehen. Sehr grosse Blätter muss man auch wohl mit erneuert trocknem Papier zwischen den Brettern einige Tage gepresst liegen lassen. Aufgezogene Blätter oder solche, an welchen einzelne Stellen mit Papier unterlegt sind, müssen vor dem Bleichen mit heissem Wasser abgeweicht werden. Zu diesem Zwecke legt man sie in die kleinere Wanne oder in die Mulde und übergiesst sie behutsam mit Wasser, welches bis zum Sieden, etwa 70°, erhitzt worden, wozu klares Flusswasser genommen werden kann. Solche Blätter, welche grösser sind als die Wanne, rollt man weitläufig und locker so zusammen, dass sie, nach dem Uebergiessen durch ein langes Stück Fichten- oder Kiefernholz beschwert, in der Breite Platz haben. Dieses Einweichen kann zu Mittag geschehen und so bleiben die Blätter bis zum Bleichen am andern Morgen liegen; jedoch muss so viel Wasser aufgegossen sein, dass es dieselben etwa $1/2$ Zoll hoch bedeckt. Nachdem dann vor beginnender Arbeit das Bleichbrett nass gemacht worden, hebt man das Blatt mit beiden Händen behutsam so aus dem Wasser, dass es, nachdem dieses etwas abgelaufen, mit der Bildseite nach der angegebenen Weise auf das Bleichbrett gelegt wird, wo man dann findet, dass sich das Papier, welches darauf befestigt war, leicht abnehmen lässt. Sollte dieses jedoch an einzelnen Stellen fester sitzen, so dient das in einem Töpfchen bereit gehaltene warme Wasser dazu, um solche Stellen, indem man das Papier in die Höhe hebt und mit dem Pinsel das Wasser zwischen dieses und das Bild streicht, vollends zu erweichen. Einzelne Papiertheile, welche etwa hängen geblieben, werden, nachdem man heisses Wasser darauf gebracht, mit dem stumpfen Messer weggeschafft, und so muss auch vorhandener Kleister mit diesem, dem Pinsel und heissem Wasser sorgfältig beseitigt werden. — Oft habe ich Blätter, wo dieses Verfahren grade nicht nöthig war, mit kaltem Wasser eingeweicht, weil sie sich ganz vom Wasser durchzogen, bequem ohne Falten auf das Bleichbrett auflegen lassen, und dieses Einweichen von Nutzen ist, wie man aus der Farbe des Wassers ersieht, in welchem sie über Nacht gelegen. Bei Blättern, welche auf chinesisch Papier gedruckt sind, war mir dieses Abweichen und auch das Wiederaufziehen sehr mühsam und gefährlich, jedoch hat einer meiner geschätzten Kunstfreunde, welcher nach meiner Anleitung schon Vieles restaurirt hat, ein Verfahren hierbei angewendet, wodurch diese Schwierigkeit ziemlich beseitigt wird und welches ich daher hier noch anführe. Wenn das Blatt auf der Rückseite gut angefeuchtet worden und sich das chinesische Papier nicht theilweise loslöst, kann auf die gewöhnliche Weise verfahren werden, geschieht dieses aber, so wird das Blatt, mit der Bildseite unten, in die hinreichend mit Wasser gefüllte Wanne gelegt und wenn es einige Zeit geweicht, wieder auf das Bleichbrett, wo dann das weisse Papier sich ziemlich leicht abziehen lässt und vielleicht nur stellenweise, wie oben gesagt, nachzuhelfen ist. Hierauf wird auf diesem Papier, wenn es übertrocknet ist, mit Bleistift schwach bemerkt, wohin der Rand des chinesischen Papiers wieder kommen soll, und dieses, mit dem Druck oben, behutsam auf das in der Wanne befindliche Wasser gelegt, auf welchem es oben schwimmend bleibt. Dann bestreicht man das weisse Papier, so weit der Rand des chinesischen kommen soll, mit sehr dünnem und klarem Kleister gleichmässig und nicht dick, und schiebt dasselbe behutsam unter das Wasser und den Kupferstich so, dass wenn' es sich gegen diesen in die Höhe hebt, die Ränder des letzteren an die Bleistiftmarken kommen, wo sich derselbe an das weisse Papier mit geringer Nachhülfe bald anlegt und hierauf behutsam aus dem Wasser genommen und auf die gewöhnliche Weise getrocknet und gepresst wird. Nicht zu grosse Blätter gelingen auf diese Weise ganz gut, bei solchen von bedeutender Grösse aber muss dieses die Erfahrung zeigen.

4. Behandlung brüchiger oder zerrissener Blätter.

Im vorigen Abschnitt wurde blos das Reinigen der Kupferstiche abgehandelt, welches bei ihrer Restauration die am wenigsten Zeit und Mühe erfordernde Arbeit ist. Mehr Schwierigkeiten verursachen solche Blätter, bei welchen Brüche und Risse zu beseitigen und möglichst unsichtbar zu machen sind, was stets am besten geschieht, während das Blatt feucht ist, also unmittelbar nach der Reinigung, bevor dasselbe in die Pressung kommt. Das kleine Brettchen mit dem Kleistertöpfchen, zupassende Streifen Florpapier, mehrere starke Papierstreifen, der kleine Fischpinsel, das Messer und Falzbein werden zur Linken des Blattes zurecht gelegt. Man legt die Bildseite desselben nach der zweiten Trocknung auf das unterliegende Papier. Auf die Orte, wo Brüche sind, welche man, wie schon gesagt, mit Klammern bezeichnet hat, werden nun in Weisse und Breite zupassende Streifen Florpapier, welche man auf dem Brettchen mit dem Pinsel gleichmässig mit Kleister bestreicht, vermittelst des stumpfen Messers aufgelegt, auf diese ein starker Papierstreifen, welcher mit Daumen und Zeigefinger festgehalten wird, zwischen denen man das Florpapier mit dem Falzbein stark anreibt. Sind die Ecken schadhaft oder dünn, so werden diese, sowie andere sehr dünne Stellen ebenso unterlegt. Hierauf wird die Bildseite wieder nach oben gekehrt und jeder Bruch, der auf dieser noch bemerkbar ist, ebenso niedergedrückt, wobei aber darauf zu sehen, dass die Papierstreifen, wenn sie durch die Druckschwärze schmutzig geworden, mit anderen vertauscht werden, damit sich diese nicht auf lichte Stellen abdrückt. — Sind Risse vorhanden, so ist schon beim Umwenden des Blattes während dem Bleichen grosse Vorsicht nöthig, damit sie nicht weiter gehen. Ein solcher Riss, welcher schief durch das Papier geht, so dass die beiden Theile sich decken, ist leicht zu beseitigen. Man legt das Falzbein unter denselben, hebt den einen Theil des Blattes in die Höhe und bestreicht den andern behutsam mit Kleister, zieht das Falzbein wieder hervor und reibt die beiden Theile, wie bei Brüchen, mit demselben fest aneinander; legt aber auch ein Streifchen Florpapier darauf und verreibt den Riss auch auf der Vorderseite. Sind Druckfalten vorhanden, welche sich mit unterlegtem Florpapier nicht niederdrücken lassen, so ist es am besten, dieselben schief zu durchreissen und wie einen Riss zu behandeln. Man muss sich aber bei dieser Arbeit hüten, dass kein Kleister auf den Druck kommt, weil dieser glänzende Stellen verursacht, oder dass man Kleister auf das unten liegende Papier streicht und dieses dann an den Kupferstich anklebt, weshalb eben das Falzbein untergelegt wird. Oft gehen solche Risse nicht bloss nach einer Seite, sondern so, dass der Druck abwechselnd bald auf der einen, bald auf der andern sichtbar ist. Hier muss dann auch das Bestreichen abwechseln und der Riss in einzelnen Abtheilungen so zusammengefügt werden, dass der Druck wo möglich immer oben kommt, und dann ist das Florpapier unterzulegen. — Bei solchen Rissen, welche gerade durchgehen, wie geschnitten, ist die Sache etwas schwieriger. Sie müssen vor den andern, sowie vor den Brüchen behandelt werden, denn fängt das Papier im geringsten zu trocknen an, so schliessen die Theile nicht mehr ganz an einander. Man bestreicht zuerst beide Theile, aber nur schmal, mit Kleister, und auch einen sehr schmalen Streifen Florpapier, welchen man auflegt; dann einen etwas breiteren und zuletzt allenfalls einen dritten noch breitern, welche alle stark angerieben werden müssen. Wird der Riss nach vollständigem Trocknen auf der Bildseite dennoch sichtbar, wie gewöhnlich geschieht, so muss man ganz schmale Papierfaden mit einer kleinen Scheere schneiden, diese gut mit Kleister bestreichen, was am besten, so wie bei kleinen Stückchen Florpapier, auf dem Zeigefinger der linken Hand geschieht, und diese dann in die entstandene Spalte mit einem spitzen kleinen Messer eindrücken und gut verreiben. — Einzelne Brüche oder Risse kann man auch bei trocknen Blättern auf diese Weise wegschaffen, nur muss die Stelle erst etwas gefeuchtet und nach aufgelegtem Florpapier beschwert werden. Sind Risse schon früher restaurirt worden und gehen beim Reinigen, wie gewöhnlich, wieder auseinander, oder waren Theile des Blattes eingesetzt, so ist die Behandlung ganz dieselbe; fehlen aber solche Theile ganz, so müssen diese durch ein möglichst zupassendes Papier ergänzt werden, wozu man solches von verschiedenen Sorten, welches von Kupferstichen abgeschnitten worden, vorräthig hat. Dieses Einsetzen, sowie Beseitigung von Wurmlöchern oder auch Ansetzen von Ecken oder Rändern, muss jedoch erst geschehen, wenn das Blatt vollständig trocken, auch wohl schon lüstrirt ist. Das einzusetzende Stück wird genau in entsprechender Form, aber ein wenig grösser geschnitten und dieses, sowie der Rand, an welchen es kommen soll, mit dem kleinen Messer gut verschärft. Das Verschärfte ist behutsam mit Kleister zu bestreichen, jedoch mit Schonung der Druckseite und nach dem An- oder Einsetzen sorgfältig zu verreiben. Dann wird ein Lineal darauf gelegt und mit etwas beschwert, und so bleibt Alles bis zum folgenden Tage, auch wohl länger stehen, da sich sonst Falten bilden. — Zuweilen löst sich beim Bleichen eine Stelle des Druckes vom übrigen Papiere ab, dieses muss dünne mit Kleister bestrichen und wieder befestigt werden, jedoch so, dass die gestochenen Linien genau aneinander passen. — Ist ein Blatt bis an den Stich scharf beschnitten und soll mit Rand versehen werden, so schneidet man, um diesen anzusetzen, von passendem Papiere angemessene Streifen, bezeichnet auf diesen, sowie auf der Rückseite des Blattes durch Bleilinien, wie weit beide in geringer Breite auf einander zu legen sind; verschärft die Papierstreifen, das Blatt aber am Stiche nur dann, wenn das Papier sehr dick ist; wo aber weiss an weiss kommt, z. B. am Unterrande überall, legt den Randstreifen, mit der Verschärfung oben, an die Bleilinie auf der Rückseite, bestreicht beide Verschärfungen zugleich sorgfältig mit Kleister so rasch als möglich, legt den Streifen, ihn umkehrend, genau an die Linie, drückt ihn zuerst mit den Fingern an und dann durch starkes Anreiben mit dem Falzbein. Diese Arbeit muss rasch geschehen und bald beschwert werden. — Sind Wurmlöcher vorhanden, so werden diese auf der Rückseite mit kleinen Papiertheilchen zugestopft, welche mit Kleister befeuchtet wurden, und ein wenig Florpapier kommt dann darauf. Sind deren viele, so macht man dieses besser, wenn das Blatt trocken ist. — Hat aber ein Kupferstich so viele Brüche oder Risse, dass ein Unterlegen mit Florpapier zu viel Zeit und Mühe kosten dürfte, auch das Blatt anfangen würde zu trocknen, selbst wenn man dasselbe theilweise mit einem nassgemachten und gut wieder ausgerungenen Tuche bedeckte, (da es durchaus noch feucht und ohne Falten gepresst werden muss) so ist das Aufziehen, besonders wenn der Druck schwaches Papier hat, anzurathen; vorher aber werden Risse und Löcher mit schwachem Florpapier überlegt, um das Durchdringen des Kleisters zu vermeiden und das Aufziehen zu erleichtern. Das Papier worauf man einen Kupferstich oder dergleichen aufziehen will, muss demselben angemessen ausgewählt werden, nicht zu schwach sein und keine rauhe grobkörnige Fläche haben. Man nimmt dasselbe etwa 1 Zoll länger und breiter als das aufzuziehende Blatt, oder rechnet, wenn es keinen Rand hat, diesen dazu. Dieses Papier wird auf der weniger guten Seite mit reinem Wasser vermittelst einem weichen Schwamme erst nach der Breite, dann in der Länge und hierauf in verschiedenen Richtungen gleichmässig befeuchtet (wobei man nicht zu viel Wasser in den Schwamm nehmen muss) und zwar so lange, bis die Falten sich niederlegen, welche Anfangs entstehen. Hierauf wendet man das Papier um und legt es mit der nassen Seite mitten auf das hierzu bestimmte Reissbrett von hartem Holze und befestigt es zuerst an den beiden kurzen und hierauf an den langen Rändern. Dieses geschieht entweder mit Mundleim (nicht Mundlack) oder mit gewöhnlichem flüssig gemachten guten Tischlerleim. In beiden Fällen wird ein Lineal, an welchem die eine Seite nicht abgekantet und $1/4$ Zoll dick ist, mit dieser an den Rand des Papiers so angelegt, dass derselbe etwas mehr vorsteht, als die Dicke des Lineals. Die abgekantete Seite legt man dabei unterhalb gegen das Papier und biegt dann den überstehenden Papierrand mit dem Falzbein in die Höhe, befeuchtet im ersten Falle den Mundleim mit der Zunge oft wiederholt und theilt ihn dem Papierrande mit, indem man, gegen das Lineal und Brett drückend, hin und her reibt; biegt dann das Lineal um, so dass der geleimte Papierrand gegen das Brett kommt, und reibt diesen, indem man starke Papierstreifen darauf legt, an demselben fest. Wie lange man mit dem Mundleim das Papier bereiben muss, hängt von dessen Güte und von Erfahrung ab. Reicht bei den langen Seiten die Länge des Lineals nicht aus, so schneidet man den Rand des Papiers in angemessener Länge durch und befestiget ihn in 2 Abtheilungen. Bei nicht zu grossen Blättern ist das Aufspannen mit Mundleim am wenigsten umständlich, bei diesen aber die andere Art sicherer und bequemer. Der Leim wird hier in einem kleinen Gefäss, nachdem er einige Zeit vorher in kleinen Stücken durch warmes Wasser erweicht worden, auf der Ofenplatte etwas gekocht und wo möglich über einer Lampe mit dünnem Docht (einer Nachtlampe), indem er von Jemand fortdauernd umgerührt wird, flüssig erhalten, muss aber nicht zu dünn sein. Man bestreicht mit demselben vermittelst des grösseren Fischpinsels den in die Höhe gebogenen Rand des Papiers gleichmässig, aber nicht zu dick und verfährt dann wie bei dem Mundleim. Sind alle 4 Seiten angeklebt, so reibt man sie in der Ordnung, wie sie befestigt wurden, noch einmal mit dem Falzbein durch, sieht auch nach einer Weile, ehe das Papier trocken wird, noch einmal nach, ob auch Alles fest ist, indem man mit dem stumpfen Messer an den Rändern hinfährt; schneidet da, wo sich losgegangene Stellen finden, diese zu beiden Seiten auf, biegt das Papier wieder gegen das angelegte Lineal um und hilft mit dem Mundleim nach. Man kann sich auch zu grösserer Bequemlichkeit des flüssigen Leims bedienen, welcher an einigen Orten zu haben ist. Während nun das Papier trocknet, oder zu andrer Zeit, wenn man nicht gleich aufziehen will, werden auf der Rückseite des aufzuziehenden Blattes alle Knoten, Sandkörner u. dgl. mit dem angegebenen Radirmesser entfernt und dasselbe mit der Druckseite auf ein bereit liegendes Reissbrett so gelegt, dass 2 Ränder des Blattes und Brettes aufeinander kommen. Vorher muss aber auch auf dem aufgespannten Papiere durch einige feine Bleistriche bemerkt werden, wo man beim Aufziehen das Blatt anlegen will, wobei auf Symmetrie der Ränder zu sehen ist, wenn diese fehlen. Mit klar gekochtem und gerührtem Kleister, der etwas dünner sein muss als beim Ausbessern der Brüche und Risse und vermittelst des kleineren Borstpinsels, bestreicht man nun das Blatt erst parallel mit den kurzen und dann mit den langen Seiten, hierauf aber auch in verschiedenen Richtungen recht gleichmässig nicht zu dick, und sieht darauf, dass auch die Ränder gehörig bestrichen werden, aber auch, dass auf die Druckseite kein Kleister kommt, und so lange, bis die Anfangs entstehenden Falten sich niederlegen.

Bald darauf nimmt eine zur Hülfe bereite Person das Blatt nahe an 2 Ecken der einen schmalen Seite und trägt es hängend auf die Seite des aufgespannten Papieres, welche der mit den Bleistiftmarken gegenübersteht; an diese aber legt man das Blatt genau an und nun wird dasselbe allmählig und behutsam heruntergelassen, während dessen man es mit einem bereitliegenden zusammengeballten weichen Taschentuche stark an das Papier anschlägt, jedoch ohne zu wischen und sorgfältig alle Falten zu vermeiden sucht. Ohne zu zögern wird dann ein Bogen glattes Maschinen-Conceptpapier auf das Blatt gelegt, jedoch etwas vorstehend und über dasselbe, mit der Kante des Falzbeines stark aufdrückend hingefahren und solches fortgesetzt, bis das ganze Blatt nach seiner Länge so bearbeitet worden ist, worauf dasselbe auch in der Breite wiederholt wird, was aber rasch geschehen muss, ehe durch die Feuchtigkeit Falten entstehen, welche jedoch beim Trocknen wieder verschwinden. Dann reibt man noch die Ränder des Blattes mit dem Falzbein gut an, legt aber Papierstreifen darauf, untersucht auch nach einer Weile mit dem stumpfen Messer, ob die Ränder überall fest sind und befestigt die lose gebliebenen Stellen, indem man mit dem Messer vorsichtig etwas Kleister zwischen das Blatt und Papier zu bringen sucht und jenes anreibt. So bleibt nun das Blatt etwa 1 Stunde in horizontaler Lage, worauf man die Ränder nochmals nachsieht und dann das Brett, mit dem Bilde gegen eine Wand gekehrt, an dieser etwas schief anlehnt. Das Lüstriren oder was sonst noch an dem Blatt vorzunehmen ist, kann erst nach ein paar Tagen geschehen, und überhaupt muss man es eine Woche stehen lassen, ehe man es abschneidet, da sich sonst Falten bilden. Soll es endlich abgeschnitten werden, so markirt man vorher die Ränder mit Zirkelstichen, schneidet zuerst die langen Seiten mit einer scharfen Messerspitze am Lineal durch und dann die kurzen; bringt aber das Blatt ohne Zögern in eine Mappe zwischen andere ebene Blätter, oder wie nach einer Reinigung zwischen Cartons und lässt es so noch mehrere Tage liegen, ehe es seine weitere Bestimmung erhält, weil auch jetzt noch leicht Falten entstehen, besonders an den Rändern, wenn diese nur aus dem Papiere bestehen, worauf das Blatt aufgezogen worden. Die nach dem Abschneiden auf dem Brette bleibenden Papierränder werden, so viel es geht abgerissen, das Uebrige ist mit warmem Wasser zu erweichen und dann mit dem stumpfen Messer abzuschaben, die Stellen, wo sie gewesen aber mit dem Schwamm gut zu reinigen und dann mit einem Tuche abzutrocknen. Will man aber statt aufzuziehen, ein Blatt, welches nur wenig oder gar keinen Rand hat, auf einem Carton befestigen, so wählt man hierzu einen weissen, muss aber, wenn noch Spuren des ursprünglichen Randes vorhanden sind, diese sorgfältig wegschneiden (eben so wenn man es aufziehen will). Hat das Blatt aber noch Rand, wenn auch grade keinen breiten, so ist ein bräunlicher oder mattgelber Carton vorzuziehen. Das Blatt wird nun oben zuerst in der Mitte und dann an beiden Ecken mit Mundleim befestigt, indem man denselben mit der Zunge netzt, mit einem Messer etwas davon abschabt, damit diese Stellen mässig bestreicht und nach aufgelegtem Papier anreibt. Die Ränder des Cartons müssen auch hier symmetrisch sein. Da grosse Cartons selten farbig zu haben sind, so kann man sich solche selbst bereiten, indem man weisses starkes Papier mit Kaffee grundirt, welcher einen angenehmen Farbenton giebt. Das Papier muss aber zuvor aufgespannt und vor dem Grundiren mit Wasser übergangen werden, damit es die Grundirung besser annimmt. Der Kaffee, welcher ganz klar und nicht zu stark sein muss, kann auch mehr oder weniger mit schwarzer sogenannter chinesischer Tusche, welche einen bräunlichen Ton hat, mehr oder weniger vermischt werden, wodurch man verschiedene Abstufungen erhält. Zum Grundiren nimmt man einen grossen Haarpinsel oder einen Borstpinsel, welcher Spitze hält. Man bekommt jetzt ein starkes sogenanntes Ellen- oder Rollenpapier, welches man zum Aufziehen grosser Kupferstiche und zu Cartons benutzen kann, nur muss man von der besten Sorte nehmen. Auch bräunliches ist zuweilen zu erhalten. Es dürfte hier noch angemessen sein, etwas über die zur Aufbewahrung der Kupferstiche erforderlichen Mappen zu erwähnen. Am zweckmässigsten ist es, dieselben nicht mit Rücken versehen, sondern aus zwei abgesonderten Theilen anfertigen zu lassen, zu welchen starke Pappen zu nehmen sind, am besten 2 auf einander geleimte, damit sie Steife und Festigkeit erhalten. Die Ecken werden mit Leder überzogen und der untere Theil erhält an jeder Seite eine Klappe von feiner ungebleichter Leinwand, welche man jedoch ausserhalb mit blaugrauem Papier überziehen lässt, damit sie steif bleiben. Die Ecken dieser Klappen werden etwas abgestutzt. Die Zahl der Bänder richtet sich nach der Grösse der Mappe; gewöhnlich auf den schmalen Seiten 2, auf den langen 3 Paar. Bei solchen Mappen ist man an die Zahl der Blätter nicht gebunden, jedoch ist es zweckmässig, nicht viel über 30 in jede zu legen. So bleiben die bei dem Bleichen und Pressen faltenlos gewordenen Blätter, durch die stete gleichmässige Pressung, immer in diesem Zustande; weshalb es auch gut ist, Mappen von verschiedenen Grössen zu haben, nach verschiedenen, ziemlich übereinstimmenden Grössen der Kupferstiche; da es bei einer kleineren Auswahl des Besten nicht nöthig ist, nach Schulen zu ordnen und man doch in jeder Mappe das nach Meistern oder Gegenstand zusammen Passende vereinigen kann. Wo möglich muss man die Mappen in horizontaler Lage aufbewahren, wenn man auch vielleicht bei einer von besonderer Grösse die möglichst senkrechte Stellung wählen kann, wo es jedoch nothwendig ist, hierzu eine Art Rinne von Holz machen zu lassen, deren Enden aber geschlossen sind, um die Mappe hinein zu stellen, welche dann noch oben vermittelst eines darüber gelegten, zusammengebogenen starken Papierstreifens gegen das Eindringen des Staubes geschützt wird.

5. Das Lüstriren.

Um den gereinigten Blättern das durch die Nässe entstandene rauhe Aussehen zu benehmen, ihnen die ursprüngliche Glätte wiederzugeben, oder sie zu lüstriren, wäre es allerdings am einfachsten, sie in noch feuchtem Zustande unter einer glatt polirten Kupferplatte durch eine Kupferdruck-Presse durchgehen zu lassen. Da aber das Aufstellen einer solchen in einem geeigneten Raume und die oft bedeutende Grösse der Blätter meistens Schwierigkeiten verursachen, und auch die Zeit während dem Bleichen sehr beschränkt würde, so ist das Lüstriren in völlig trocknem Zustande vorzuziehen, obgleich es etwas mehr Zeit und Anstrengung erfordert. Man bedient sich hierzu einer gläsernen mit einem Stiele versehenen Glättkugel (Glättflasche), welche in jeder bedeutenderen Glashandlung zu haben ist, und eines halben Bogens nicht zu dünnen Briefpapier. Kann man Büttenpapier erhalten, so ist dieses am besten, da das Maschinenpapier sehr oft die Eigenschaft hat, dass es gewissermaassen an der Glättkugel bei der Arbeit hängen bleibt und dann auf dem Bilde unangenehme Streifen verursacht. Auch muss man ein altes, weiches und ziemlich feines Taschentuch zur Hand haben. Nachdem nun, wie schon beim Aufziehen erwähnt, die Knoten u. dgl. auf der Rückseite sorgfältig beseitigt worden, legt man auf einem Brette von hartem Holze die Druckseite oben, das Papier darauf und reibt nun, nicht mit der Fläche, sondern mit der abgerundeten Kante der Glättkugel, welche man am Stiele anfasst, und indem man stark aufdrückt, auf dem Papiere, in dicht aneinander bleibenden Zügen hin und her, hüte sich jedoch, nicht auf das Blatt unmittelbar zu kommen, da dadurch glänzende Stellen entstehen, welche man durch Befeuchten mit einem halbnassen Pinsel wieder beseitigen müsste. Man wird bald sehen, dass auf diese Weise zwar das Papier ganz glänzend wird, das Blatt aber eine milde, höchst angenehme Glätte erhält, die zuweilen selbst neue Kupferstiche nicht haben, und dass dieses früher von mir geheim gehaltene Verfahren einen höchst wesentlichen Theil der Restauration ausmacht. Es ist zweckmässig, zuerst den unteren breiten Rand und dann die andern ringsum so zu behandeln, wenn sie nicht zu schmal sind. Dann macht man eine Eintheilung, wie oft man das Papier wird auflegen müssen, um in einer gewissen Reihenfolge weiter zu gehen und keine Stelle unberührt zu lassen und bearbeitet nach den Rändern zuerst die Mitte u. s. w. Bei jedem Male, wenn man das Papier von einer Stelle des Druckes auf eine andere legt, muss dasselbe auf der Seite, welche unten war, mit dem glatt zusammengeballten Tuche abgewischt werden, weil fast immer mehr oder weniger von der Druckerschwärze dem Papiere anhängt, was sich dann den hellen Stellen des Blattes mittheilen würde, aber dem Druck keineswegs Nachtheil bringt, sondern im Gegentheil seine Klarheit befördert. Sollte man aber, besonders bei den Rändern, nicht achtsam gewesen und Schmutz entstanden sein, so lässt sich dieser durch weiches Gummi elast. oder Brot wieder beseitigen. Auch muss an dem Tuche nach jedem Abwischen eine reine Stelle genommen werden. Das Papier gebraucht man abwechselnd auf beiden Seiten und es kann ein halber Bogen zu mehreren Blättern dienen; wird es aber nach und nach zu grau oder brüchig, so nimmt man ein anderes. Ist das Lüstriren vollendet, so legt man das Blatt noch einmal auf die Druckseite und streicht die Ecken, welche sich etwas in die Höhe gezogen, mit der Kante des Falzbeines, von der Mitte ausgehend und stark aufdrückend mehrere Male, wodurch diese sich wieder niederlegen. Durch den starken Druck mit der Glättkugel dehnt sich der Kupferstich etwas aus und wird daher faltig, was sich aber wieder verliert, wenn man denselben nach dieser Arbeit bald wieder in seine vorige Pressung bringt und darin einige Tage liegen lässt. Sehr gut ist es, wenn die Glättkugel, ehe man sie benutzt, bei jedem Blatte erst auf dem heissen Ofen erwärmt wird, indem dadurch das Anhängen des Papieres an dieselbe nicht so leicht vorkommt. — Was nunmehr über das Reinigen und Lüstriren gesagt worden ist, kann man bei gehöriger Vorsicht ohne Nachtheil bei jeder Art von Kupferstichen, Holzschnitten und Lithographien anwenden; selbst die zartesten Schwarzkunstblätter verlieren dadurch nicht im Mindesten und bei schönen Drücken tritt die Schwärze nur noch sammtartiger hervor; so dass die Blätter oft schöner aussehen, als wären sie ganz neu. Auch die bunt gedruckten sogenannten englischen Kupferstiche leiden dadurch nicht; was mit Oelfarben gedruckt ist, bleibt unverändert, was aber mit Wasserfarben in denselben aufgetragen worden, verliert sich natürlich mehr oder weniger, und muss mit solchen wieder ergänzt werden. — Da das Reinigen am zweckmässigsten bei warmem Wetter und offenem Fenster geschieht, das Lüstriren aber einige körperliche Anstrengung erfordert, so ist es bequem, wenn die Arbeit nicht drängt, ersteres im Frühjahr und Sommer bei langen Tagen vorzunehmen, letzteres aber und die übrigen Nachhülfen für die kühleren Jahreszeiten aufzusparen. Das Aufziehen muss im Sommer nur in den Morgenstunden geschehen, wo der Kleister nicht so schnell trocknet, und aufgezogene Blätter sind vor dem Abschneiden zu lüstriren, müssen aber dann noch einige Tage stehen bleiben.

6. **Beseitigung des Niederschlags von Chlor oder Kleesalz, des Schimmels und anderer nicht tief eingedrungener Flecken.**

Wenn nach dem Bleichen ein Blatt nicht hinreichend abgespült worden, oder wenn man die dunklen Stellen nicht sorgfältig genug mit dem Pinsel überwaschen hat, so kommt es zuweilen vor, dass nach dem vollständigen Trocknen diese theilweise grau erscheinen. Nach vielem Nachdenken und vergeblichen Nachfragen bei Chemikern u. s. w. gelang es mir ein ganz einfaches Mittel zu entdecken, wodurch dieser Niederschlag völlig unsichtbar gemacht werden kann. Dieses ist gereinigtes Leinöl, welches ganz klar und weiss sein muss, schnell trocknet und gewöhnlich in jeder Farbenwaarenhandlung zu haben ist. Man giesst davon 1 Tropfen in ein kleines Näpfchen, berührt das Oel nur mit der Spitze des kleinen Fischpinsels, verwischt die Kleinigkeit, welche daran hängen geblieben, noch gut auf Papier, so dass nur ein Hauch von Fettigkeit an dem Pinsel bleibt, und überfährt mit diesem dann die grauen Stellen, so werden sie sogleich durchsichtig und die Schwärze tritt auf das Lebhafteste hervor. Hüten muss man sich aber, dass nicht zu viel Oel an den Pinsel kommt, da sonst ein Fettfleck entstehen würde. Das Blatt bleibt dann, leicht zugedeckt, bis den folgenden Tag liegen, wo man es an seinen Bestimmungsort bringt. Bei diesem Verfahren kommt der Niederschlag nie wieder zum Vorschein. Oft findet sich auch auf den Schattenpartien der Kupferstiche Schimmel ein. Dieser lässt sich, wenn er recht trocken ist, oft schon durch Abstauben mit einem Pinsel beseitigen, wo nicht, so muss man ihn mit weichem elast. Gummi oder mit nicht zu trocknem Brote wegschaffen, welches man zwischen den Fingern fest knetet und damit die mit Schimmel behafteten Stellen betupft oder linde reibt. — Zuweilen findet man Flecken, welche das Ansehen haben, als hätte das Papier auf feuchter schmutziger Erde gelegen. Dergleichen verlieren sich gewöhnlich durch das Bleichen nicht ganz. Sind sie nur auf der Oberfläche des Papieres und gehen sie mit Gummi oder Brot nicht hinweg, so muss man zu einer leichten Radirung schreiten, die Stelle dann noch mit Gummi elast. linde überwischen und derselben nach untergelegtem dünnen Papier mit dem Falzbein oder dem

Fingernagel die gehörige Glätte geben. Ueber Beseitigung von Staub und Rauch wurde schon im ersten Abschnitt das Nöthige erwähnt.

7. **Behandlung solcher Flecken, welche das Papier durchdringen.**

Wasser- und Stockflecken oder Moderflecke verlieren sich schon beim Bleichen, und obgleich man sie bei starkem Papier, wenn das Blatt gegen das Licht gehalten wird, oft noch im Innern desselben bemerkt, so hat dieses nichts zu sagen, da sie in der Folge nicht wieder auf der Oberfläche hervortreten. Was die Tintenflecken betrifft, so sind diese sehr verschieden. Man findet welche, die schon durch das Chlor sich verlieren; andere werden gelb und diese lassen sich vollends mit Kleesalz beseitigen. Unter den neueren Tinten giebt es aber auch solche, welche nicht aus dem Papier zu bringen sind und wo nichts übrig bleibt, als sie auszuschneiden und passendes Papier einzusetzen, oder, weniger umständlich, sie mit weisser Farbe zu decken. Man wählt hierzu, wenn das Papier nicht gar zu weiss ist, die kleine ordinaire weisse Tusche, zu sehr geringem Preise, welche eigentlich nur aus geschlemmter Kreide besteht, aber den Vortheil hat, dass sie nicht mit der Zeit röthlich wird, wie das auf manchen Papieren mit dem Kremnitzerweiss geschieht, welches man in Muscheln kauft, was aber auch zu vermeiden ist, wenn man zuvor mit ersterem und dann auf dieses mit letzterem deckt, was ohnehin mehrere Male geschehen muss, wenn die vorhergehende Deckung trocken ist. Das Anreiben mit Pastellfarbe nutzt nicht viel, da diese sich wieder abstäubt. Nur das Unangenehme bleibt bei dem Decken wenig gedruckter Stellen, dass man dasselbe grade aus gesehen zwar nicht bemerkt, so wie man aber das Blatt von der Seite ansieht, die gedeckte Stelle von der rechten gesehen dunkler, von der linken aber weisser erscheint. Zuweilen kann man auch Flecken, welche nicht zu dunkel sind, mit schwachem aufgelegtem Florpapier decken, dessen Weisse zupassend ist. — Sehr unangenehme Flecken sind die, welche dadurch entstanden sind, dass durch unvorsichtiges Abwaschen der Gläser bei eingerahmten Bildern, welche zuweilen Sprünge haben, oder durch den Falz des Rahmens, das schmutzige mit Rauch und Staub vermischte Wasser auf das Papier gekommen ist. Dergleichen lassen sich nur durch Ausschneiden oder Decken wegschaffen. Kleine oft vorkommende Rostflecken werden durch Decken unsichtbar gemacht. — Bei Oel- und Fettflecken ist die Behandlung verschieden, nachdem sie noch frisch oder schon veraltet, also ganz braun und undurchsichtig geworden sind. Frische Flecken der Art lassen sich oft durch ein heisses Plätteisen, nachdem sie vorher mit Terpentinspiritus bestrichen worden, zwischen Druckpapier herausziehen. Oder, wenn man das mit Fett, Wachs, Oel u. s. w. befleckte Papier behutsam erwärmt hat, nimmt man so viel als möglich mit Löschpapier davon hinweg. Hierauf taucht man einen Pinsel in fast kochendes Terpentinöl und fährt damit auf der Rückseite des Blattes herum, welches man warm erhalten muss. Dieses wird so oft wiederholt als nöthig. Dann taucht man einen andern Pinsel in höchst rectificirten Weingeist und behandelt auf gleiche Weise den Flecken auf beiden Seiten, besonders an seinen Rändern, um Alles vollends wegzuschaffen. Dieses Verfahren schadet auch dem Druck nichts. Wenn Wachs und Talg grade nicht eingerieben sind, so befeuchte man dieselben mit Weingeist und tröpfle auf den Fleck etwas Schwefeläther, wonach jenes entweder durch Biegen des Papiers zum Abspringen gebracht, oder mit einem Messer abgenommen werden kann. Unter allen Mitteln veraltete Oel- oder Fettflecken aus Papier zu bringen, hat sich die Auflösung von kaustischem Kali in rectificirtem Weingeist am wirksamsten gezeigt, womit man die Flecken mit einem Pinsel bearbeitet, bis die braune Farbe schwindet. Diese Mischung muss aber ganz frisch in der Apotheke bereitet werden, da sie bald braun wird und dann das Papier weit weniger weiss macht. Den gelben Fleck, welcher zurückbleibt, nimmt dann beim Bleichen das Chlorwasser hinweg. Die Behandlung der Flecken muss dem Bleichen immer vorangehen und auf letztere Weise können nur solche Stellen behandelt werden, wo sich kein Druck befindet, da hierbei die Druckerschwärze sich ebenfalls zum Theil auflöst, also der Druck weit schwächer wird und durch Nachzeichnen ergänzt werden muss, was bei Stellen von bedeutendem Umfange mehr Arbeit verursacht, als das vorhin angeführte Decken mit Weiss zwischen den Linien des Druckes vermittelst eines spitzen Pinsels. Auf diese Weise habe ich oft alte braune Oelflecken, zwar nicht aus dem Papier entfernt, aber doch auf der Bildseite vollständig unsichtbar gemacht, zum Erstaunen Aller, die solches gesehen und nach einer Reihe von Jahren noch unverändert finden. Zwar kostet diese Arbeit viel Mühe und Zeit, aber sie lohnt sich auch bei werthvollen und seltenen Blättern. Es ist also dieses Verfahren vorzuziehen, sowie auch das Ausschneiden der Flecken u. s. w. weit umständlicher ist. Man hat zwar gegenwärtig verschiedene sehr angepriesene Fleckwasser, aber sie mögen wohl alle die fettige Druckerschwärze auch angreifen, wenn sie Fett hinwegnehmen, also zumeist nur auf dem weissen Papier anzuwenden sein. Ich selbst habe nun nicht mehr Veranlassung nehmen können, damit Versuche anzustellen und muss solches, sowie anderweitige Verbesserungen meiner Restaurations-Methode jüngeren Kräften überlassen,

8. **Ausbesserung solcher Stellen, wo die Druckfarbe abgerieben ist oder welche ganz fehlen, Nachhülfe allzu weiss gewordener Theile u. s. w.**

Zu diesen Arbeiten braucht man eine ganz ordinaire schwarze Tusche, welche gut deckt und gewöhnlich ins Bläuliche fällt, und eine braunschwarze (chinesische), eine Tafel Sepia, gebrannte Umbratusche und etwas klaren Kaffee; dann einen feinen und einen etwas stärkeren Haarpinsel, welche gut Spitze halten, gezogene Krähen- und Gänsefedern, von letzteren die kurzen harten sogenannten Eckposen, einen guten Bleistift, möglichst schwarz und etwas hart; in Holz gefasste schwarze Kreide und Lithographiekreide, beide von härterer Sorte; zwei kleine Tuschnäpfchen, ein kleines Täfelchen Spiegelglas oder noch besser Elfenbein, zum Anreiben geringerer Farbentheile. — Sind bei gestochenen oder radirten Blättern einzelne Linien oder ganze Partien derselben schwach im Druck oder abgerieben, so hilft man nach Umständen mit einer der beiden, dem Ton des Druckes am besten zupassenden Tuschen, welche man ziemlich dick einreibt, und mit einer der beiden Federarten nach (Stahlfedern sind hierzu nicht zu empfehlen) oder es kann auch mit der schwarzen Kreide geschehen, allein diese ist wegen des Verwischens, besonders bei grösseren Stellen, weniger brauchbar, jedoch aber dann, wenn die Druckerschwärze selbst leicht nachlässt. Bei sehr feinen Strichen oder Punkten muss dieses Nachhelfen aber mit dem scharf gespitzten Bleistift geschehen, da die Tusche zu leicht ausläuft, wo man dann erst zur Radirung oder dem Decken seine Zuflucht nehmen müsste. Fehlt an einzelnen Stellen die Schwärze ganz, so müssen diese erst mit Kleister übergangen und nachdem sie vollständig trocken und mit dem Fingernagel bei untergelegtem Papier geglättet sind, im Character des ganzen Stiches ausgezeichnet werden. Zuweilen ist durch das Abreiben der Schwärze, z. B. bei umgekehrten Brüchen oder auf andere Weise, eine Vertiefung im Papier entstanden, dann muss dieselbe zuerst durch abgeschabtes und mit Kleister vermischtes Papier ausgefüllt werden, ehe das Zeichnen erfolgt. Eingesetzte Papierfäden werden eben so überzeichnet und bei gehöriger Geschicklichkeit kann alles Dieses so vollendet werden, dass man wenigstens in den Schattenpartien nichts bemerkt, nur an hellen Stellen ist es nicht immer zu ermöglichen. Spinnen- und Wanzenflecken, auch manche von Fliegen, gehen auf nassem Wege nicht heraus, man muss radiren oder decken und wo nöthig dann darauf zeichnen, wie in andern ähnlichen Fällen. Eben so sind Drucklinien, auf welche man beim Decken von Oelflecken mit Weiss gekommen ist, wieder zu ergänzen.

Sind einzelne gedeckte Stellen zu weiss geworden oder abgeriebene und radirte heller als das übrige Papier, so werden diese erst mit etwas Kaffee oder anderer brauner Farbe, welche man vorsichtig schwach und nicht zu nass aufträgt, jenem gleich gemacht. Kann man mit den beiden Arten schwarzer Tusche den oft sehr bräunlichen Ton des Druckes nicht erreichen, so wird das Gezeichnete mit jenen Farben ein oder mehrere Male schwach übergangen, was aber sehr rasch geschehen muss, damit die Tusche sich nicht auflöst und schmutzige Stellen entstehen. Es kommt zuweilen vor, dass beim Bleichen einzelne Theile weisser werden als das Ganze. Diese sucht man ebenfalls durch ein nicht zu feuchtes Uebergehen mit einer zupassenden Farbe dem Uebrigen gleich zu machen. Bei grossen Blättern, welche aus 2 oder mehr Theilen zusammenzusetzen sind, wird auch wohl eine ganze Abtheilung weisser als das Uebrige. Diese kann man durch Wasser ziehen, welches man in der Mulde mit dünnem Kaffee anfärbt, und dann wie gewöhnlich trocknen; jedoch muss man erst mit anderem Papier die Mischung untersuchen, ob sie den zupassenden Farbenton giebt. Ist aber das Blatt durch den Kaffee ja zu dunkel geworden, so nimmt ein nochmaliges Bleichen dieses wieder hinweg. Bei solchen aus mehreren Abtheilungen bestehenden Blättern passen auch die Stichlinien oft nicht genau aneinander, was bei architektonischen Linien, Gliedmassen von Menschen und Thieren, Waffen u. s. w. einen unangenehmen Anblick gewährt; hier kann man das Unpassende wegradiren und durch richtige Zeichnung ersetzen. Um einzelnen Partien etwas mehr Kraft zu geben, mag man diese mit der Lithographirkreide leicht übergehen. Diese leistet auch besonders bei Lithographien gute Dienste. Beriebene oder ungleich gedruckte Blätter in Schwarzkunst und in Aquatinta werden mit dem Pinsel und chinesischer Tusche oder einer der angegebenen braunen Farben, die man auch untereinander mischen oder mit Kaffee versetzen kann, leicht verbessert, punktirte aber sind mit der Feder, in den lichtesten Theilen jedoch mit Bleistift nachzuhelfen. Alle diese Arbeiten werden nach Umständen vor oder nach dem Lüstriren oder zu jeder beliebigen Zeit vorgenommen.

Und so wäre nun Alles mitgetheilt, was mich eine langjährige Erfahrung und Uebung gelehrt hat und was sich bei gehöriger Geschicklichkeit, Sicherheit der Hand und vorsichtigem Verfahren, wobei aber auch bei manchen Proceduren Schnelligkeit nöthig ist, ein Jeder leicht aneignen und seine Sammlung in den besten Zustand bringen kann. Hierbei tritt noch der Vortheil ein, dass die mit Chlor behandelten Blätter nicht wieder von selbst Stockflecke bekommen, oder vergelben, wie dieses bei neuen so häufig in kurzer Zeit sowohl in Rahmen als in Mappen vorkommt, folglich bei sorgfältiger Aufbewahrung und vorsichtigem Angreifen stets in einem Zustande bleiben, welcher dem Auge wohlgefällig ist und, besonders wenn man nur vorzügliche Abdrücke zu erlangen sucht, den Werth derselben bedeutend erhöht, in welcher Beziehung ich einem jeden Sammler gediegener Sachen das Glück wünsche, welches mich fast immer hierbei begünstigt hat.

II.
Kurze Erläuterung der verschiedenen Arten des Kupferstichs u. s. w.

Durch eine lange Reihe von Jahren gereichte es mir zur Freude, wöchentlich im Winter an einigen Abenden, und dann bei längeren Tagen in freien Nachmittagsstunden, einer Auswahl meiner Schüler aus den oberen Classen meine gewählte Sammlung von Kupferstichen u. s. w. vorzulegen, dieselben zu erläutern und auf diese Weise auf den Kunstsinn und Geschmack der jungen Leute einzuwirken. Nach und nach aber fanden sich auch andere Personen und selbst nicht selten kunstsinnige Damen, welche mich darum ersuchten und denen ich dieses Vergnügen zu ihrer Unterhaltung und Belehrung ohne irgend ein anderes Interesse gern gewährte. Die Theilnehmer an diesen artistischen Erholungsstunden waren aber in der Regel mit dem verschiedenen Verfahren, durch welches Kupferstiche u. dgl. entstehen, nicht bekannt und ihnen daher die Erläuterungen, welche ich auch hierüber in gedrängter Uebersicht gab, jederzeit sehr willkommen. In der Voraussetzung nun, dass eine solche auch bei manchem anderen Kunstfreunde, der nicht Gelegenheit hat, sich hierüber Kenntniss zu verschaffen, von Interesse sein würde, scheint es mir geeignet, nachdem ich in Vorstehendem eine zweckmässige Anweisung zum Restauriren von Kupferblättern gegeben, diesem auch nachfolgende Andeutungen beizufügen.

A. Der Kupferstich in seiner verschiedenartigen Behandlung.

Die Kunst in Metalle zu graben war schon den ältesten Völkern bekannt, wurde aber nur zur Verzierung angewendet und die Vervielfältigung solcher Arbeiten durch Abdruck erst durch die Erfindung des Kupferdrucks ermöglicht. Schon in früherer Zeit stachen einzelne Künstler mancherlei Gegenstände in silberne Platten und füllten das vertieft Gearbeitete mit einer schwarzen sich verhärtenden Masse aus, so dass, wenn die Platte sauber abgeschliffen war, eine schwarze Zeichnung sichtbar wurde. Dieses Verfahren nannte man Nielliren und eine solche Arbeit Niello, welches sehr geschätzt und theuer bezahlt wurde. Ehe aber jene Ausfüllung mit der sich verhärtenden Masse erfolgte, that man dieses gewiss zur Prüfung der Arbeit, mit einer schwarzen Oelfarbe, welche sich wieder entfernen liess. Man erzählt nun, dass zufällig hierbei ein nasses Stück Leinwand auf ein so zu prüfendes Niello gekommen und angedrückt worden sei, wodurch sich auf diesem ein Abdruck des in die Platte Gravierten gezeigt und auf diese zufällige Weise der Kupferdruck erfunden worden sei, der bald verbessert und die Kupferdruckpresse hergestellt wurde. Die Italiener halten den Goldschmied Maso (Thomas) Finiguerra, geb. zu Florenz um 1424, für den Erfinder der Kupferstecherkunst oder richtiger des Kupferdrucks. Diese Erfindung kann aber auch vielleicht dem Maler Martin Schön (Schongauer, Hübsch Martin), geb. wahrscheinlich zu Colmar, zwischen 1420 und 1440, zugeschrieben werden. Andere legen dieselbe dem Israel von Mecheln dem Vater bei, der, in Mecheln um 1426 geboren, gleich seinem Sohne Goldschmied gewesen sein soll.

Die ersten zum Abdruck bestimmten Kupferplatten wurden mithin mit dem Grabstichel gearbeitet; nicht lange darauf entstand die Kunst des Radirens und Aetzens, weit später aber die anderen Manieren des Kupferstichs. — Der berühmte Kupferstecher Joseph Longhi unterscheidet in seinem Werke über die Kupferstecherkunst hinsichtlich ihrer Vervollkommnung drei Perioden. Die Kupferstecher der ersten Periode, von Maso Finiguerra und Marc. Anton Raimondi in Italien, sowie von Martin Schön und Albrecht Dürer in Deutschland anfangend (von der Mitte des 15. Jahrhunderts bis gegen die des 16.), unterscheiden sich von denen der späteren Zeit durch genaue und übertrieben scharf angedeutete Umrisse; dabei versäumten sie das Helldunkel, die Luftperspective und mehr oder minder die Weichheit der Körper, indem sie diese immer mit der merkbar hervorscheinenden Umrisslinie umgaben; erhalten jedoch oft den Ruhm über die nächstfolgenden Stecher hinsichtlich der Richtigkeit der Zeichnung. — Die Stecher der zweiten Periode von Cornelius Cort und Augustin Carracci bis Cornelius Bloemaert und Sebastian le Clerc (gegen 1600) haben diese unangenehme Linie verlassen, wenigstens nur leicht angedeutet, die Halbtinten und Reflexe besser beachtet, der Behandlung mehr Festigkeit und Kühnheit verliehen, durch Luftperspective die verschiedenen Entfernungen der Gegenstände, wenn auch nicht vollkommen, ausgedrückt, mit einem Worte vollendeter eine einfarbige Zeichnung mit der Harmonie, deren sie fähig ist, dargestellt. In der dritten Periode, welche mit den zuletzt Genannten, nebst Lucas Vorsterman und den übrigen bedeutenden niederländischen und französischen Stechern beginnt und bis auf die neuere Zeit sich erstreckt, sieht man die Kupferstecherkunst über die Grenzen blos eintöniger Arbeiten hinausgehen und nicht nur auf die richtige Darstellung des Umrisses und Helldunkels, sondern gewissermaassen auf Colorit selbst Anspruch machen; Scheidewasser, Grabstichel und Nadel auf verschiedene Weise anwenden, gewisse Formen, Maase und Verwandtschaft der Linien auffinden und der Nachahmung der verschiedenen Oberflächen der Gegenstände anpassen; daher der weichste Sammet, der durchsichtigste Schleier, polirter Stahl u. s. w. in höchster Deutlichkeit erscheinen und zwar in der Art, dass man diesen Grad von Vollkommenheit, ohne Gefahr in Ziererei auszuarten, nicht mehr höher zu treiben vermag; in welchen Fehler auch schon manche Stecher verfallen sind, die ihr ganzes Talent nur auf das Technische verwenden und den Hauptzweck ihrer Kunst vernachlässigen.

Ausser diesen drei, von Longhi angegebenen Perioden kann man füglich noch eine vierte für die neueste Zeit annehmen, welche um 1750 mit Joseph Wagner (geboren zu Thalendorf in der Herrschaft Bregenz am Bodensee) ihren Anfang nimmt, der damals in Venedig eine Stecherschule gründete, aus welcher unter Andern die trefflichen Künstler Bartolozzi und Volpato hervorgingen, von welchen vorzüglich der letztere in Italien als die Morgenröthe der neuesten Art zu stechen betrachtet werden kann, welche in seinem Schwiegersohne und Schüler Raphael Morghen als volle Sonne emporstrahlte und von diesem, sowie von Longhi und ihren Schülern auf die hohe Stufe gebracht wurde, auf welcher sie sich gegenwärtig befindet; durch eine zweckmässige und im richtigen Verhältniss angewendete Vereinigung der Radirnadel und des Aetzens mit dem Grabstichel und der kalten Nadel (Schneidenadel) sowie auch durch den Grabstichel oder die Radirnadel allein; obgleich auch hier nicht zu läugnen ist, dass die jetzigen mit so ausserordentlicher Technik vollendeten Stiche meistens die ausserordentliche Wirkung und Farbe der besten Stecher der dritten Periode nur selten erreichen.

Bartolozzi, welcher nach London ging, begründete, nebst dem daselbst lebenden Strange, dort diese neuere Art in Kupfer zu stechen und besonders Letzterer hat in der Darstellung des Nackten, der Wärme und Weiche des Fleisches, ganz Vorzügliches geleistet.

Dem Deutschen Wille, welcher nur mit dem Grabstichel arbeitete und Vortreffliches geliefert hat, gebührt das Lob, in Paris vorzügliche Schüler gebildet zu haben, unter denen besonders Bervic und Johann Gotthard Müller hervorragen. Aus des ersteren Leitung gingen daselbst treffliche Schüler, z. B. Desnoyers und dessen ausgezeichnete Schüler hervor, bis in die neueste Zeit. Der zweite bildete als Professor an der Akademie zu Stuttgart sehr verdienstvolle Stecher, unter denen sein eigener Sohn Friedrich obenan steht, welcher der Kunst nach Vollendung seines Hauptwerkes der Raphaelischen Madonna di S. Sixto in der Gallerie zu Dresden, leider zu früh entrissen wurde. Unter den vortrefflichen Stechern des gegenwärtigen Jahrhunderts sind in Italien vorzüglich noch Toschi, P. Anderloni, Garavaglia, Perfetti, sowie Mandel in Berlin, Jos. Keller und sein Schüler Stang in Düsseldorf, Jac. Felsing in Darmstadt nebst Friedr. Wagner in München, sowohl durch Richtigkeit der Zeichnung als auch vorzügliche Technik ausgezeichnet. Letzterer hat schon in seinem Stich des Abendmahls nach Leonardo da Vinci sich bewährt und sein letztes grosses Blatt, die Kreuzabnahme nach Rubens, ist in jeder Beziehung, besonders in der Darstellung rubensischer Farbe (in den ersten vorzüglichen Drücken von Felsing) ein Meisterstück zu nennen. Auch viele seiner kleineren Arbeiten, wie Columbus (in eigenthümlicher gemischter Manier), St. Sebastian, Sacuntala, Holzschuher u. s. w. zeigen den stets sorgfältigen und denkenden Künstler. Albr. Dürer wird als Seitenstück zu letzterem nächstens erscheinen. Mehrere hier nicht genannte bedeutende Stecher finden sich in dem Verzeichniss Abtheilung III. — Nach dieser Uebersicht möge nun eine kurze Erläuterung der verschiedenen Arten des Kupferstichs, der Holzschneidekunst und der Lithographie folgen.

1. Das Graviren oder Stechen mit dem Grabstichel.

Jede Platte von Kupfer oder anderem Metall, welche zu irgend einer Art des Kupferstichs verwendet wird, muss sorgfältig abgeschliffen und spiegelblank polirt werden. Der Umriss des zu stechenden Bildes wird radirt und schwach geätzt (siehe im Nachfolgenden). Das Instrument, dessen man sich zur Ausführung bedient, oder der Grabstichel, ist ein etwa 4 Zoll langer viereckiger Stift von der Dicke eines schwachen Federkieles oder nach Umständen noch schwächer und von härtestem Stahl. Derselbe ist gegen den ohngefähr 2 Z. langen runden Griff, in dem er befestigt und welcher unten abgeplattet sein muss, etwas gebogen, und wird vorne rautenförmig abgeschliffen, wodurch eine scharfe Spitze entsteht, mit welcher man in das Metall die Linien oder Punkte eingräbt, wozu mehrere Grabstichel von verschiedener Stärke nothwendig sind. Bei der Arbeit wird die Platte, wenn sie nicht zu gross ist, auf ein mit Sand gefülltes Kissen von ohngefähr 6 Z. Durchmesser gelegt, mit der linken Hand gehalten und der Grabstichel, dessen Griff in der hohlen rechten Hand ruht, von dieser vorwärts gedrückt, während Mittelfinger und Daumen den Grabstichel leiten und der auf die obere Kante gelegte Zeigefinger durch seinen Druck die grössere oder geringere Tiefe des Stichs bewirkt; indem zugleich bei gebogenen Linien Grabstichel und Platte sich entgegen kommen, diese sich also in meist sehr verschiedenen Lagen vor den Augen des Stochers befindet. Um die bearbeitete Stelle beurtheilen zu können, muss dieselbe mit einem Reibballen geschwärzt und wieder abgewischt werden, so dass die Schwärze in den vertieften Linien, dieselben deutlich sichtbar macht. Dieser Reibballen wird von einem langen, aber sehr feinen, 2 Zoll breiten Streifen Tuch bereitet, welchen man so fest als möglich spiralförmig bis zu 1 oder 1$^{1}/_{2}$ Z. Dicke zusammenrollt und in mehreren Abtheilungen von oben bis unten mit Bindfaden fest umbindet. Derselbe wird dann unten mit einem scharfen Messer ganz gleichmässig abgeschnitten. Vor dem Gebrauch lässt man dort einige Tropfen Baumöl darauf fallen, thut auf eine unbrauchbare Kupferplatte etwas Kienruss und reibt denselben so lange darauf ab, bis er alles Rauhe verloren hat, und nun zu obigem Zweck und auch zum Reinigen der Platte benutzt werden kann. Das Stechen grösserer Platten musste früher auf einem pultartigen Tische geschehen und hatte viele Unbequemlichkeiten. Dieser ist aber in neuerer Zeit mit einer solchen Vorrichtung versehen, dass man der Platte bequem verschiedene Lagen und Wendungen geben kann, daher vermittelst dieses Stechtisches die Arbeit sehr erleichtert wird. Zu Entfernung des beim Stechen entstehenden Grats bedient man sich eines Schabeisens und zum Schwächen einzelner Partien oder Linien des Polirstahles. (Die Beschreibung dieser Werkzeuge siehe bei der Schabmanier.) Gegenwärtig wird nur selten mit dem Grabstichel allein gestochen, sondern es geht gewöhnlich eine theilweise Radirung voran, sowie überhaupt oft mehrere Manieren mit einander verbunden werden. Das Drucken der Platten möge hier zugleich mit angeführt werden. Die Druckerpresse ist ein Gestelle, in welchem sich 2 bewegliche Walzen von hartem Holz oder Eisen befinden, zwischen denen ein starkes ebenes eichenes Brett, das sogenannte Laufbrett eingeschoben ist. Auf dieses kommt ein Pappdeckel, dann die, vermittelst lederner Ballen geschwärzte und zuerst mit weichen Leinwandlappen, hierauf aber mit dem Ballen der Hand sorgfältig auf der Oberfläche gereinigte Platte, auf welche das vorher gefeuchtete Papier gelegt wird und über dieses Maculatur und eine weiche wollene Bedeckung. Vermittelst eines Rades mit 6 oder 8 Griffen, Kreuz oder Stern genannt, werden nun die Walzen in Bewegung gesetzt, zwischen welchen dann das stramm eingeklemmte Laufbrett mit der Platte durchgeht und der Abdruck bewirkt wird, welchen man von der Platte abhebt und zum

Trocknen aufhängt und hierauf mit einer Anzahl angefertigter Drücke durch Pressen ebnet. Um die Platte zu schonen und eine hinlängliche Zahl guter Abdrücke zu erhalten, ist die sorgfältige Behandlung eines geübten Druckers erforderlich, da ohne diese die beste Arbeit des Stechers erfolglos ist. Vorzüglich und besonders zart gestochene Platten müssen jedesmal vor dem Schwärzen erwärmt werden, damit die ziemlich stramme Schwärze gut in den Stich eindringen kann. Wenn der Druck einer Kupferplatte vollendet ist, so übergeht man dieselbe vor ihrer Aufbewahrung mit etwas Baumöl, lässt dieses ohngefähr $1/2$ Stunde auf der Platte, wischt es mit weicher feiner Leinwand ab und reibt sie hierauf mit weichem Brote behutsam so lange, bis alle Druckerfarbe aus derselben entfernt ist. Sie wird dann in feines Papier gewickelt und an einen trockenen Ort gelegt, damit sich nicht Stockflecken darauf ansetzen, welche durch starkes Abreiben mit dem Reibballen hinweg geschafft werden müssten, wodurch die zarten Theile des Stiches leicht Schaden leiden.

2. Das Radiren und Aetzen.

Hierzu muss zuvörderst der Aetzgrund bereitet werden, indem man 2 Loth Mastix, 1 Loth Asphalt und $1/2$ Loth Colophonium, jedes besonders, sehr fein zerstösst, einen neuen gut glasirten Tiegel auf ein sehr mässiges Kohlenfeuer stellt, zuerst den Asphalt und dann das Colophonium hinein schüttet und während sie schmelzen, mit einem Spatel von Holz wohl umrührt, dann den Mastix dazu thut und das Umrühren fortsetzt, bis Alles gut zergangen ist, worauf noch 3 Loth weisses Wachs hinzu kommt und Alles gut untereinander gerührt wird. Da diese Masse gern in die Höhe steigt, so muss der Tiegel nicht zu klein genommen werden, auch nicht zu viel glühende Kohlen darunter, schon darum, damit der Asphalt nicht verkohlt, wodurch er unbrauchbar wird und einen sehr hässlichen Geruch verbreitet. Wenn man nun das Steigen oder Aufwallen der Masse bemerkt, so setzt man den Tiegel auf eine kalte Platte, wodurch sich dieselbe unter beständigem Umrühren bald wieder setzt. Wenn man nun findet, dass das Ganze gut zergangen ist und sich keine Brocken mehr darin finden, so lässt man das Gemisch noch etwas abkühlen. Vorher halte man aber eine unten geschlossene Papierrolle parat, in Form einer mässigen Geldrolle, giesse nun die Masse langsam hinein, lasse aber das, was sich bei dem Stehen gesetzt hat, in dem Tiegel als unbrauchbar zurück. Ist nun dieser Aetzgrund in der Papierrolle vollkommen kalt geworden, so wird 1 Zoll breit unter dem offenen Ende ein subtiler Schnitt mit dem Federmesser kreisförmig herum gemacht und das Papier soweit vollkommen abgezogen. Alsdann nimmt man ein Stückchen guten und dichten Taffet, zieht solchen straff darüber und bindet ihn da, wo das Papier stehen geblieben, fest. Durch diesen Taffet muss sich beim Grundiren der Aetzgrund durchziehen, man kann daher der Sicherheit wegen denselben lieber doppelt nehmen, damit er sich nicht leicht beschädigt oder das, was sich etwa noch im Grunde befände, auf die Platte käme. — Um diese nun zu grundiren, reinige man sie mit Hülfe feinen Mehles von allem Schmutze so sorgfältig als möglich, befestige am Rande einen kleinen, mit einem hölzernen Griff versehenen Schraubstock, lege jedoch zur Vorsicht etwas zusammengelegtes Papier dazwischen, damit jener die Platte festhalten kann und auch durch starkes Anschrauben nicht beschädige und lege solche über ein gelindes Kohlenfeuer. Ist die Platte gehörig erwärmt, so fährt man mit dem Aetzgrund ganz leicht auf derselben hin und bedeckt sie, indem jener durch den Taffet dringt, damit gleichmässig, aber nicht zu dick. Hierauf wird mit einem Tupfballen (ein mit Baumwolle gefülltes Bäuschchen von Taffet) die ganze Platte so lange betupft, bis der Aetzgrund ganz gleichmässig auf derselben ausgebreitet ist. Ist dieses geschehen, so hebt man die Platte von dem Kohlenfeuer ab, um sie zu schwärzen. Hierzu wird eine aus mehrfach zusammengelegtem Wachsstock bereitete Fackel oder eine mit ordinärem Leinöl gefüllte und mit einem dicken Docht versehene Lampe angezündet, die grundirte Seite der Platte in einiger Entfernung darüber gehalten und herumgefahren bis sie ganz gleichmässig schwarz und glänzend erscheint. Alsdann lehnt man dieselbe mit der grundirten Seite gegen die Mauer und lässt solche vollständig erkalten. Bei dieser Arbeit ist die grösste Reinlichkeit und Vermeidung von Staub (oder Asche vom Kohlenfeuer) nothwendig, sowie des Verbrennens des Aetzgrundes, welches man erkennt, wenn derselbe, indem er auf die Platte kommt, eine Menge kleiner Bläschen bildet, oder wenn man auf derselben herumfährt, ein Zischen oder Knistern hört; denn dann würde der Grund beim Schwärzen keinen Glanz erhalten und beim Aetzen sich theilweise losheben. Auch muss man darauf sehen, dass derselbe während der Anwendung des Tupfballens seine Durchsichtigkeit behält und nicht erkaltet und dann zum Theil losgehoben würde. Um nun den Umriss der zu radirenden Zeichnung auf die Platte zu bringen, verfährt man auf folgende Weise. Man zeichnet denselben zuerst vermittelst des bekannten Durchzeichnungspapiers auf der Originalzeichnung mit einer Krähen- oder Rabenfeder durch, dieses giebt die Bause, welche, je nachdem man den Umriss in der Lage des Originals, oder verkehrt auftragen will, entweder auf der gezeichneten oder auf der Rückseite mit Röthel mässig überschabt und dieser mit einem feinen Läppchen darauf eingerieben wird. Hierauf befestigt man die so zubereitete Bause am Rande der Platte mit weichem Wachs und fährt dann mit einer stumpfen Radirnadel von mässiger Stärke, leicht aufdrückend, auf allen Umrisslinien herum, wodurch die Zeichnung roth auf dem Aetzgrund entsteht. Ehe die Bause ganz von der Platte entfernt wird, muss man erst theilweise nachsehen, ob auch keine von den Umrisslinien übersehen worden ist. — Zum Radiren selbst bedient man sich mehrerer Radirnadeln von verschiedener Stärke, wozu die besten englischen Nähnadeln genommen, und nachdem sie an der Seite des Oehres hinreichend abgebrochen worden, in 5 Zoll lange Hefte von der Dicke eines gewöhnlichen Bleistiftes fest eingesteckt und noch mit Siegellack befestigt werden, daher die Hefte an dem einen etwas dünnen Ende entsprechende enge Löcher erhalten müssen. Die scharfe Spitze wird dann auf einem Schleifstein gleichmässig rund abgeschliffen und durch Herumfahren auf einem Stückchen Glas glatt polirt, da die Radirnadeln, deren man sich auf der grundirten Platte bedient, nicht in das Kupfer einschneiden dürfen. Zum Radiren auf das blosse Kupfer aber, welches vorzüglich bei den zartesten Uebergängen zum Licht, nach dem Aetzen der Platte angewendet wird, bedient man sich scharfer stärkerer Nadeln, welche dann gewöhnlich in Hefte mit messingenen Ringen gefasst sind, um damit mehr aufdrücken zu können. Eine solche Nadel heisst Schneide- oder kalte Nadel. Damit während der Arbeit der Aetzgrund durch das Auflegen der Hand nicht beschädigt werde, hat man ein Vorlegebrett nöthig, welches der Länge der Platte und der nöthigen Breite entsprechend, unten mit 2 dünnen Leisten versehen ist, so dass es die darunter liegende Platte nicht berührt. Es kann von Birnbaumholz und muss so dick sein, dass es durch die darauf fest liegende Hand nicht gebogen wird. Um den beim Radiren abgehenden Aetzgrund oder entstandenen Staub zu entfernen, bedient man sich eines grossen Haarpinsels. Das Radiren ist keine besonders schwierige Arbeit. Wer mit dem Bleistift oder der Feder zeichnen kann, kann auch radiren. Der Unterschied besteht blos darin, dass man mit dünneren und dickeren Nadeln nach der Stärke der Linien abwechseln und etwas mehr aufdrücken muss, damit die Radirnadel durch den Aetzgrund bis auf das Kupfer gelangt, da sonst das Scheidewasser nicht gleichmässig und vollständig ätzen würde. Ist die Radirung vollendet, so gewährt die Arbeit in ihrem Kupferglanz auf dem schwarzen Grunde einen sehr angenehmen Anblick. Ehe nun aber zum Aetzen geschritten werden kann, muss die Platte erst mit Klebwachs umfasst werden. Zum Klebwachs nimmt man 8 Loth gelbes Wachs, 4 Loth Schusterpech und $1^1/_2$ Loth venetianischen Terpentin, lässt das Wachs in einem Tiegel über gemässigtem Kohlenfeuer schmelzen und legt dann das Schusterpech hinein; ist auch dieses zergangen, so kommt der Terpentin dazu, aber während der ganzen Zeit muss Alles mit einem Stückchen Holz wohl umgerührt werden. Ist das Ganze gut zerschmolzen, so giesse man die Masse in eine Schüssel mit lauem Wasser und knete sie, wenn sie beinahe kalt geworden, mit den Händen so lange durch, bis man keine Brocken oder Klumpen mehr fühlt. Aus diesem Klebwachs lassen sich nun leicht etwa $^3/_4$ Zoll breite Bänder bereiten, mit welchen man die Platte nahe am Rande umgiebt und an dieselbe sorgfältig andrückt, damit kein Scheidewasser durchdringen kann. Dieses würde so, wie man es kauft, zu stark sein, es muss also mit reinem Brunnenwasser gemässigt werden, wovon man gewöhnlich einen Theil auf 2 Theile Scheidewasser nimmt. Da dieses aber nicht immer einerlei Güte hat, so ist es zweckmässig, um seine Wirkung vorher kennen zu lernen, dass man auf ein kleines Musterplättchen verschiedene willkührliche Schraffirungen radirt und solche stufenweise zum Theil $^1/_4$, dann $^1/_2$, $^3/_4$ Stunden u. s. w. ätzen lässt, dann jedesmal das Scheidewasser abgiesst, die Platte mit frischem Wasser reinigt und wenn sie trocken, nach diesen Abstufungen das Radirte mit Deckfirniss deckt. Da das neue Scheidewasser nicht so nett und gleichmässig ätzt als gebrauchtes, so thut man gut, dasselbe auf einem unbrauchbaren Kupferplättchen fressen zu lassen und sich stets des schon gebrauchten Scheidewassers zu bedienen und solches, wenn es durch langen Gebrauch an Kraft verliert, nur mit etwas neuem zu verstärken. Um den erwähnten Deckfirniss zu erhalten, thut man in ein kleines Fläschchen mit kurzem nicht zu engem Halse (nach Gewicht) 2 Theile Terpentinöl und 1 Theil fein gestossenes Colophonium und lässt solches so lange in der Sonne oder bei dem warmen Ofen stehen, bis das letztere sich ganz aufgelöst und mit ersterem vereinigt hat. Wenn dieser Firniss ganz durchsichtig ist und die Farbe eines feurigen Weines angenommen hat, so ist er zum Gebrauch fertig. Da derselbe aber durchsichtig ist, so thut man, wenn er eben angewendet werden soll, auf eine Glastafel etwas Kienruss, taucht mit einem Fischpinsel, der Spitze hält, in den Firniss und mengt auf dem Glase so viel Russ darunter als nothwendig ist, dass solcher gleich einer Farbe aus dem Pinsel fliesst. Da dieser Firniss bald trocknet, so muss man nicht zu viel auf einmal nehmen und ihn auch immer gut zugepfropft lassen. Sind nun alle Vorbereitungen getroffen, so legt man die Platte horizontal auf ein paar dünne Leisten, um sie bequem anfassen zu können und giesst das Scheidewasser darauf, so dass alle Theile vollständig damit bedeckt sind. Die Wirkung zeigt sich bald sehr deutlich, indem auf allen in den Aetzgrund gemachten Strichen kleine Bläschen wie beim Kochen entstehen. Von Zeit zu Zeit überführt man das Radirte mit einer reinen Taubenfeder, (ein Pinsel würde bald verdorben werden) um das von dem Scheidewasser aufgelöste Kupfer aus den Strichen zu bringen, damit dieses wieder rein fortfressen und man zugleich immer nachsehen kann, ob der Aetzgrund an keinem Orte schadhaft wird und nichts zusammenfrisst. Die Originalzeichnung muss man bei dem Aetzen neben sich haben und beurtheilen. Die Theile, wo man beinahe gar keine Umrisse oder nur eine sehr schwache Ausführung sieht, dürfen nur ganz leicht anfressen, und dies kann in $^1/_2$ Stunde hinreichend geschehen sein. Alsdann giesst man das Scheidewasser, vermittelst der an einer Ecke der Umfassung angebrachten kleinen Rinne, ab und spült die Platte einigemal mit reinem Wasser ab, lässt solche trocknen und deckt mit dem Deckfirniss auf die beschriebene Weise Alles, was hinlänglich tief zu sein scheint. Man kann auch wohl an einigen Stellen mit einer stumpfen Schreibfeder den Aetzgrund hinweg nehmen, um nachzusehen; doch müssen diese Theile alsdann sorgfältig gedeckt werden, und ehe man das Scheidewasser wieder aufgiesst, muss der Deckfirniss vollständig trocken sein, da dieses sonst den noch nassen Firniss angreifen und Alles verderben würde. — Das weitere Aetzen ist so, wie bei dem Musterplättchen erwähnt wurde, fortzusetzen, indem man stufenweise fortdeckt bis zu den stärksten Partien, welche am längsten fressen müssen. — Ist das Aetzen vollendet und die Platte trocken, so halte man sie über ein Kohlenfeuer, lasse sie etwas erwärmen und hebe zuerst den ganzen Wachsrand herunter; alsdann befestige man wieder den Schraubstock an dieselbe, vertheile einige Tropfen Baumöl darauf, da sonst der Grund sich leicht in die Platte einbrennt und üble Folgen macht. So wie der Aetzgrund flüssig ist, wird dieselbe vom Feuer abgehoben und mit etwas alter Leinwand abgewischt. Da wo der Deckfirniss verwendet wurde, wird solches etwas schwerer gehen, nimmt man aber dort etwas Kienöl zu Hülfe, so löst sich dieser bald auf. Ist die Platte nun kalt geworden und gereinigt, so wird sie vermittelst des Reibballens mit Baumöl und Kienruss wohl eingerieben und rein abgewischt, wodurch sie ihren Glanz wieder erhält und man nun sehen kann, wie die Arbeit gerathen sei. Nun kann das, was etwa zu schwach geworden ist, mit dem Grabstichel oder der Schneidenadel nachgeholfen, das zu Starke aber mit dem Polirstahl etwas gemässigt werden. Sind vielleicht einzelne falsch bearbeitete Stellen gedeckt worden, so kann man die Platte noch einmal grundiren, ohne sie zu schwärzen und in dem durchsichtigen Grunde das Fehlende nachradiren.

3. Die punktirte Manier.

Kupferstiche in punktirter Manier entstehen theils durch die Bunze, theils durch Rouletten oder auch durch den Grabstichel und selbst mit Hülfe der scharfen Nadel, welche Werkzeuge oft auf derselben Platte nach Umständen angewendet werden. Die Bunze ist ein Stift vom härtesten Stahl, unten mit feinen Spitzen versehen, durch welchen vermittelst eines Hammers die Punkte in die Platte geschlagen werden; Rouletten aber sind kleine Rädchen ebenfalls mit scharfen Spitzen, zum Theil nur in der Grösse eines starken Nadelkopfes, welche mit einem Heft oder Griffe versehen sind. Indem man sie mit starkem Druck der Hand und des Zeigefingers über die Platte führt, werden auf dieser die Punkte hervorgebracht. Was vielleicht zu stark geworden, wird mit dem Polirstahl behutsam gemässigt. Die Kupferstiche in Kreidemanier, welche jetzt durch die Lithographie verdrängt ist, entstanden vorzüglich auf diese Weise, wogegen die Bunze und der Grabstichel zu solchen Sachen angewendet werden, welche das Ansehen einer sehr feinen Punktirung erhalten sollen. Diese Manier kam in der zweiten Hälfte des vorigen Jahrhunderts in England in Gebrauch, wo Bartolozzi sowie Wynne Ryland in London hierin das Vorzüglichste geleistet haben und John in Wien. Die Stiche in dieser Manier, welche jetzt auch nur seltener gebraucht wird, wurden damals meistens roth oder in brauner Farbe gedruckt, aber so zart und dem Auge schmeichelnd dieselben auch sind, so erreichen sie doch nicht die Kraft und die Mannigfaltigkeit in Darstellung der verschiedenen Stoffe, wie dieses bei der Linienmanier möglich ist.

4. Die Tuschmanier oder Aquatinta.

Hierzu ist zuvörderst die Bereitung einer Masse nöthig, welche man das Korn nennt. Sie besteht aus 1½ Pfund gutem Colophonium, welches man in kleine Stücke zerschlägt und in einen neuen gut glasirten Tiegel ohne Füsse schüttet, der ohngefähr noch einmal so viel fassen könnte als die Masse, da diese, wenn sie zu kochen beginnt, leicht überläuft. So wie dieses anfängt zu schmelzen, während man mit einem Stückchen Holz umrührt, so thut man noch 12 Loth des reinsten durchsichtigen Mastix hinein und fährt mit dem Umrühren fort, bis das Ganze vollständig geschmolzen ist. Wenn die Masse während des Kochens aufsteigt, so darf man nur den Tiegel auf einen kalten Stein setzen und nachdem sie gefallen fortfahren, bis man keine Brocken mehr bemerkt, wo dann der Tiegel vom Feuer gehoben und nachdem derselbe noch etwas gestanden, die ganze Masse auf eine Marmorplatte gegossen wird, auf welcher sie vollkommen erkaltet und

4 bis 6 Stunden liegen bleiben muss. Diese Composition hat nun die Form einer Scheibe, welche man in Stücken bricht und in einem reinen Mörser von Serpentin auf das feinste zu Pulver stösst. Dieses Pulver oder sogenannte Korn wird nun in die Staubmaschine gethan, welche sogleich geschlossen wird, damit kein feiner Staub verloren geht. Die Staubmaschine aber ist ein würfelförmiger Kasten von $1\frac{1}{2}$ Zoll dicken Brettern aus weichem Holz, 2 Fuss hoch, breit und tief, welcher auf jeder der beiden Seiten in der Mitte der Höhe 2 starke, etwa $2\frac{1}{2}$ Zoll breite Leisten hat, in deren genauer Mitte sich hölzerne Zapfen befinden, vermittelst welchen der Kasten herumgedreht werden kann. Auf dem Boden desselben werden 4 dreieckige Stäbe von 1 Zoll Höhe angeleimt und an der vorderen Seite ist unten ein Schieber vor einer 3 Zoll hohen Oeffnung, welcher ganz herausgezogen werden kann. In der Decke des Zimmers oder an der oberen Pfoste einer Zwischenthür sind 2 Schrauben in der Entfernung beider Zapfen der Maschine anzubringen, durch deren Oesen ein Strick auf beiden Seiten zu den Zapfen herabgeht, der an beiden Enden Schlingen hat, welche locker um jene gelegt werden, wenn der Kasten auf einem unter denselben gestellten Stuhl ohne Lehne feststeht. Wird nun dieser unter der Maschine hinweggezogen und dieselbe, nachdem der Schieber geschlossen, mit dem darin befindlichen Korn vermittelst der Zapfen, welche Knöpfe haben können, nicht zu geschwinde 10 bis 20 mal herumgedreht, so bildet sich durch dasselbe eine Staubwolke. Man stellt nun den Stuhl rasch wieder unter den Kasten, klopft dann an allen Seiten mit einem Hammer an denselben, zieht den Schieber, so weit es nöthig ist, auf, legt die Platte auf die dreieckigen Stäbe und schliesst die Maschine so schnell als möglich. Das gröbere Korn legt sich, während man dieselbe feststellt und öffnet, auf den Boden, wogegen der feinere Staub alsdann die Platte gleichmässig bedeckt, was durchaus nothwendig und daher auch beim Schliessen der Maschine, sowie bei dem nachherigen Oeffnen jede Erschütterung sorgfältig zu vermeiden ist. Hat nun die Platte eine gute Viertelstunde in der Staubmaschine gelegen, so kann man solche öffnen und die von dem feinen Staube überzogene und einem weissen Papier ähnliche Platte herausnehmen, jedoch mit der grössten Vorsicht, denn stösst man an den Kasten, so kann noch etwas an diesem hängender Staub auf die Platte fallen, und erschüttert man diese, so schiebt sich das Korn auf derselben und wird unbrauchbar. Vorher aber muss man schon ein mässiges Kohlenfeuer zur Hand haben, um das Korn recht schnell auf die Platte schmelzen zu können. Man befestige mit grösster Vorsicht den Schraubstock an die Platte

und halte sie 3 bis 4 Zoll hoch darüber, damit das Korn langsam schmelze, und deshalb fahre man auch mit der ganzen Platte beständig hin und her, so dass sie immer gleiche Hitze erhält und das ganze Korn überall gleich anschmilzt. So wie dieses geschehen und das Kupfer seine vorige Helle wieder erlangt, auch die auf der Platte befindlichen Umrisse wieder sichtbar sind, so ist diese Arbeit beendet. Diesen Moment muss man genau beachten und eilen, die Kupferplatte auf die schon bereit liegende kalte Marmorplatte zu bringen, damit das Korn nicht weiter zusammenschmilzt, sondern schnell erkaltet. — Ehe man aber das Korn auf die Platte bringt, ist vorher die Originalzeichnung zu studiren, um zu sehen, ob ein feines oder stärkeres Korn nöthig. Soll dieses fein sein, so drehe man die Maschine nur 8 bis 10 mal herum und lasse die Platte kurze Zeit darin liegen, damit sie blos leicht überstaubt werde, auch darf das Korn nur ganz leicht anschmelzen, so dass, wenn man schräg über die Fläche der Platte hinwegsieht, diese noch etwas weiss erscheint. Dies giebt das feinste Korn, welches aber das Scheidewasser nicht lange aushält und nicht so dauerhaft im Drucken ist. Auf diese Art kann das Korn durch längeres Ueberstäuben und Schmelzen stufenweise stärker gemacht werden. Braucht man aber ein sehr starkes Korn, so dreht man 20 bis 30 mal herum, lässt die Platte eine gute halbe Stunde darin liegen, nimmt sie behutsam wieder heraus und wiederholt die Operation noch einmal, so dass die Platte ganz dick mit Staub bedeckt wird, und lässt denselben gut anschmelzen, bis er durchsichtig wird, so erhält man ein starkes dauerhaftes Korn, durch welches man die stärksten Partien herausbringen kann. Da es nothwendig ist, dass das Korn auf der ganzen Platte gleichmässig anschmelze, so ist wohl, wenn dieselbe nur klein, eine gewöhnliche Kohlenpfanne und nur ein Schraubstock hinreichend, bei grösseren Platten aber muss erstere grösser und länglich viereckig sein; und wegen der Schwere sind auch zwei Schraubstöcke zum Anfassen mit beiden Händen nothwendig. Da ferner das Korn der Einwirkung des Scheidewassers nicht so gut widerstehen kann als der Aetzgrund, so muss dieses bei der Tuschmanier schwächer sein und da leistet solches, welches beim Radiren durch den Gebrauch schon zu schwach geworden, die besten Dienste, da dasselbe dem Korn nicht allein keinen Schaden bringt, sondern auch sehr rein und gleichmässig ätzt. — Ehe man aber zur Bearbeitung einer Platte schreitet, muss man sich, so wie bei dem Radiren, ebenfalls erst eine Musterplatte anfertigen. Hierzu kann man ein kleines Kupferplättchen anwenden, auf welchem man ziemlich nahe an einander 2 Vierecke von 3 Zoll Höhe und $1\frac{1}{2}$ Zoll Breite, jedes in 8 gleiche Felder getheilt und an deren Seiten die Zeit, wie lange ein jedes geätzt werden soll, radirt und ätzt. Nun bringt man das Korn darauf, welches man anwenden will, und deckt die ganze Platte ausser diesen Vierecken, macht den Rand von Klebwachs darum und giesst das zum Gebrauch bestimmte Scheidewasser darauf, welches man 5 Minuten fressen lässt, dann abgiesst, die Platte gehörig abspült und nun das erste Feld deckt. Hierauf wird das Scheidewasser wieder aufgegossen und wieder 5 Minuten geätzt, dann das zweite Feld gedeckt und so fortgefahren, dass das folgende 15 Minuten, dann 20, hierauf 30, 45 Min., 1 Stunde und das letzte Feld des ersten Vierecks $1\frac{1}{4}$ Stunde, hierauf das erste des andern Vierecks $1\frac{1}{2}$ Stunde, das zweite $1\frac{3}{4}$, dann 2, $2\frac{1}{4}$, $2\frac{1}{2}$, 3, $3\frac{1}{2}$ Stunden und das letzte 4 Stunden der Wirkung des Scheidewassers ausgesetzt bleibt und man so auf einigen guten Abdrücken der Musterplatte die verschiedenen Abstufungen nach der Zeitdauer des Aetzens, und mithin den Maasstab für die vorzunehmenden Arbeiten erhält. — Ist eine getuschte Zeichnung in Aquatinta nachzuahmen, auf der man nicht allein die Federumrisse deutlich sieht, sondern auch die Schraffirungen und kleinen Striche, mit welchen die stärksten Schatten, besonders beim Baumschlag unterarbeitet sind, so wird dieses Alles zuerst nach der beim Radiren angegebenen Methode auf die Platte gebracht. Soll aber die Arbeit das Aussehen einer nur getuschten Zeichnung erhalten, dann werden blos die Umrisse zart radirt und sehr schwach geätzt, auch wohl gar an hellen Stellen, z. B. der Umriss des Mondes oder der Wolken blos mit der Schneidenadel leicht eingeritzt, welche glänzenden Striche durch das Korn deutlich durchsehen. Hierauf wird, nachdem die Platte durch feines Mehl oder Puder auf das sorgfältigste gereinigt worden, das Korn darauf gebracht, und der weisse, die Zeichnung umgebende Rand, sowie das, was etwa ganz weiss erscheinen soll, gedeckt, der Wachsrand darum gelegt und das Scheidewasser aufgegossen. Nun muss die Originalzeichnung genau mit der Musterplatte verglichen werden und sobald sich Stellen auf derselben finden, welche mit dem durch 5 Minuten geätzten Felde übereinstimmen, so giesst man das Scheidewasser ab, spült die Platte mit Wasser rein und deckt alle diese Stellen, wobei ebenfalls ein beim Radiren beschriebenes Lineal, aber mit höheren Leisten, gute Dienste leistet. Ist der Deckfirniss gut trocken, dann wird das Scheidewasser wieder aufgegossen und bis 10 Minuten stehen gelassen, wenn solche mit der Musterplatte übereinstimmende Stellen auf der Zeichnung vorhanden, und so mit Decken und Aetzen fortgefahren bis zu den kräftigsten Partien derselben. Um die dunklen Blätter der Bäume, welche in die helle Luft hineingehen, leichter herauszubringen, besonders wenn der Umriss nicht sichtbar sein soll, malt man diese mit einer braunen Tuschfarbe auf das Korn, dann kann man sie sehr leicht mit dem Deckfirniss umziehen und das Aetzen fortsetzen, auch wohl bei der Ferne so verfahren, wenn man grösserer Weichheit wegen ihren Umriss nicht geätzt hatte. Das allmählige Zunehmen der Helle in der Luft, von oben gegen den Horizont, sowie in den Wolken wird auf folgende Weise leicht hervorgebracht. Man nimmt ein Stückchen Holz, welches ohngefähr 3 Zoll lang, 1½ Zoll dick und hinten 1 Zoll hoch ist, vorne aber ganz dünn zuläuft. Dieses steckt man an der Seite unter die Mitte der Platte, wo die Luft am hellsten werden soll, und giesst so viel Scheidewasser auf, dass nur sehr wenig von ihrem obern dunklen Theile damit bedeckt wird, was sehr leicht geschieht, wenn man ganz langsam an beiden Enden der Platte etwas aufgiesst und dann mit einer reinen Taubenfeder zusammenzieht. Da das Scheidewasser auf dem Korn sehr schnell wirkt, so darf dasselbe nicht lange in derselben Lage stehen bleiben, sondern man streicht beständig mit der Feder etwas weiter, indem man nach und nach etwas zugiesst und zugleich das untergeschobene Holz allmählig weiter vorzieht, mithin die Platte immer flächer zu liegen kommt, bis man das Holz ganz hinwegnimmt und dann die ganze Platte 5 bis 10 Minuten ätzen lässt, der obere Theil der Luft aber so lange gefressen hat, als es nach dem Vergleichen mit der Musterplatte nöthig ist, wornach man sich mit der Zeiteintheilung richten muss. Um dann die schwächsten Töne zu decken, giesst man das Scheidewasser ab, reinigt die Platte mit frischem Wasser, lässt sie an der Luft (niemals am Ofen) trocknen und setzt hierauf die Arbeit nach der angegebenen Weise fort. Dieses hier beschriebene Verfahren ist das einfachste und leichteste, daher einem anderen umständlicheren vorzuziehen. In den meisten Fällen kann man eine Platte nicht vollständig mit einem feinen Korn vollenden, weil bei sehr dunklen Partien dasselbe zusammenfressen würde. Es muss daher vor dem vollständigen Aetzen derselben ein oder zweimal abgeschmolzen und stets ein stärkeres auf die Platte gebracht werden, deren Reinigung jedesmal, sowie nach Beendigung der Arbeit, auf die schon angegebene Weise, aber mit grösster Vorsicht, erfolgen muss. Zu stark geätzte Stellen können wohl mit dem Polirstahl und Schaber schwächer gemacht werden, jedoch sind beide, besonders letzterer, mit grosser Vorsicht anzuwenden. — Zu dem Abdrucken der Platten in Aquatinta ist ein sehr geschickter Kupferdrucker erforderlich, der mit grosser Sorgfalt verfährt, damit dieselben nicht zu sehr angegriffen werden, daher die Farbe, sei sie schwarz oder wie gewöhnlich braun, sehr fein gerieben sein, ein neuer Ballen zum Auftragen der Farbe genommen, zu starkes Aufstossen mit demselben vermieden und eine besonders weiche feine Leinwand zum Abwischen verwendet werden muss; worauf die vollständige Reinigung mit dem Ballen der Hand erfolgt. Auch muss die Unter- und Ueberlage der Platte beim Drucken gleichmässig und sehr weich sein. Die Presse ist so stark zu spannen, dass der weisse Plattenrand sich glatt wie ein Spiegel ohne alle Unebenheiten zeigt. Ein halbgeleimtes Schweizerpapier, welches von allen Knoten oder Sandkörnern befreit und über Nacht gefeuchtet sein muss, ist zum Drucken dieser Platten am besten. — Die Tuschmanier wurde, nachdem von J. Adam Schweickard, geb. zu Nürnberg 1722, in Florenz 1759 die ersten Versuche gemacht worden, von J. B. le Prince, geb. in Paris 1733, mehr ausgebildet, sein Verfahren aber erst nach seinem Tode 1781 durch seinen Freund den Abbé St. Non bekannt und dann in Deutschland vervollkommnet.

5. **Schwarzkunst oder geschabte Manier, Schabkunst.**

Die Schwarzkunst hat diese Benennung daher, weil bei derselben, ganz entgegengesetzt von den andern Manieren, aus dem Dunklen ins Helle gearbeitet wird. Sie wurde von dem hessischen Oberstlieutenant L. von Siegen 1643 erfunden, der, als das erste Blatt der Art, das Bildniss der Landgräfin von Hessen Amalie Elisabeth verfertigte, welches sich mit der Jahreszahl 1645 zu Dresden befindet, und seine Erfindung dem Prinzen Robert (Ruprecht) von der Pfalz mittheilte, der dieselbe nach England brachte, wo sie dann vervollkommnet wurde. Die bei dieser Arbeit erforderlichen Instrumente sind: die Wiege, der Polirstahl und das Schabeisen; von der Anwendung des letzteren ist die Benennung: geschabte Manier entstanden. Alle 3 müssen von härtestem Stahl sein. Die Wiege hat die Gestalt eines breiten Stemmeisens oder Meisels mit hölzernem Griff, aber etwas gebogener Schneide, die jedoch aus lauter feinen Spitzen besteht. Der Polirstahl, ebenfalls mit rundem Griff, ist mit diesem ohngefähr 6 Zoll lang und linsenförmig, das heisst in der Mitte bei $1/_2$ Zoll Breite dicker als an beiden Seiten, wohin er so wie gegen den Griff und das Ende dünner wird und an diesem in eine etwas abgerundete Spitze ausläuft. Der Schaber oder das Schabeisen von derselben Länge, aber dreieckig und hohl geschliffen, ist am Ende spitzgetrenntauslaufend. — Die Bearbeitung der vollkommen gleichmässig geschliffenen und polirten Platte geschieht auf folgende Weise. Die sogenannte Wiege wird auf dieselbe grade aufgestellt und mit dieser, hin und her bewegend, die ganze Platte stark aufdrückend nach allen Seiten übergangen, so dass dieselbe zuletzt mit lauter feinen in das Kupfer eingedrungenen Punkten übersät ist, allen Glanz verliert, ziemlich dunkel aussieht und, wenn man sie drucken liesse, einen gleichmässig schwarzen Abdruck geben würde. Nun wird der Umriss durch eine Bause darauf gebracht und dann wird dieselbe mit dem Schabeisen und dem Polirstahl von dem tiefsten Schatten bis zu den hellsten Lichtern so behandelt, dass an diesen, wenn es erforderlich, die Platte den früheren Glanz erhält. Der untere Rand, wo die Schrift hinkommen soll, wird vollständig wieder abgeschliffen und polirt, daher man bei den älteren Blättern in den Abdrücken vor der Schrift gewöhnlich noch Spuren der Wiege bemerkt. — Diese Arbeit geht allerdings ziemlich schnell von Statten, liefert aber auch, sowie die Tuschmanier, verhältnissmässig nur wenig gute Abdrücke und es ist die grösste Vorsicht eines geschickten Druckers nothwendig, um 400 bis 500 dergleichen zu erhalten. Die Platten können zwar bei beiden Manieren nachgearbeitet werden, liefern aber immer, sowie andere aufgestochene, nur Drücke von geringerem Werth.

Wenn die Schwarzkunst sich zu landschaftlichen Darstellungen weit weniger eignet als Aquatinta, weil bei ersterer die Bearbeitung des Baumschlags und der Luft grosse Schwierigkeiten hat, so lässt sich dagegen in derselben bei historischen Bildern und ganz besonders im Portrait sehr Vorzügliches leisten. Auch ist die Tuschmanier in neuerer Zeit sehr in Abnahme gekommen und wird meistens nur noch bei gemischter Behandlung angewendet, wogegen in Schwarzkunst neuerdings sehr viel Schönes geliefert wird, und meistens in Verbindung mit dem Radiren. Ueberhaupt findet man eine grosse Verschiedenheit gemischter Manieren oft in demselben Blatte, z. B. schon bei Bartolozzi das Fleisch zart punktirt, die Gewänder radirt; auch wohl in neuester Zeit Radirung, Schwarzkunst oder Aquatinta und Grabstichel in einem Blatte vereinigt, wodurch dann allerdings eine ausserordentliche Wirkung erzielt wird, wie z. B. in dem Columbus nach Wappers von Friedr. Wagner. Nur Schade, dass von solchen Platten meistens nur wenig gute Abdrücke zu erlangen sind.

6. Galvanographie.

Bei dieser neuesten Art auf Kupfer zum Abdrucken zu arbeiten, wird eine Kupferplatte mit einem feinen Korn überzogen, ohngefähr wie bei der Schabkunst, bei welcher jedoch die Lichter herausgenommen werden und durch das vertiefte Korn der Platte die Schatten schon vorhanden sind. Bei der Galvanographie aber ist das feine Korn auf galvanischem Wege erhöht auf die Platte gebracht. Diese erhöhten Punkte nehmen nun eine dazu geeignete Kreide an, mit der auf die Platte gezeichnet wird, und da diese matt versilbert ist, so sieht eine solche Zeichnung ganz einer Steinzeichnung ähnlich. Nun wird das, was auf der Platte durch die Kreide mehr oder weniger erhöht ist, durch Galvanismus auf eine neu anwachsende Platte vertieft hergestellt und das allerdings mehr oder weniger noch Mangelnd durch Aquatinta-Töne, oder Roulett oder Radirnadel vollende und zum Druck fertig gemacht. Die Zeit, welche eine solche Platte erfordert, ist eine verhältnissmässig sehr kurze. Diese Behandlungsweise ist in ihrem letzten Stadium ähnlich dem Verfahren, wenn über einen schon vorhandenen Kupferabdruck eine neue Platte auf galvanischem Wege hergestellt und wieder zur Vervielfältigung benutzt wird, welches aber, so wie die Photographie ausser dem Bereiche dieser Schrift liegt.

B. Die Holzschneidekunst.

Der Holzschnitt wurde schon im 15. Jahrhundert ausgeübt, aber in neuerer Zeit ungemein vervollkommnet. Er ist die Kunst auf Holzplatten Zeichnungen erhaben darzustellen, welche dann auf die Art wie beim Buchdrucken vervielfältigt werden, also eine grosse Anzahl Abdrücke liefern können. Man bedient sich hierzu eines harten gleichmässig festen Holzes von heller Farbe, auf welches, wenn der Umriss auf gewöhnliche Weise durch eine Bause darauf gebracht worden, die vollständige Zeichnung mit der Feder und schwarzer Tusche gemacht wird. Hierauf wird alles zwischen den schwarzen Federstrichen sichtbare Holz mit scharfen Messern von verschiedener Grösse herausgeschnitten, so dass die ganze Zeichnung erhaben stehen bleibt und schwarz oder mit einer andern Farbe abgedruckt werden kann, alles Vertiefte aber im Abdruck weiss bleibt, ganz entgegengesetzt den Kupferabdrücken. Gegenwärtig nimmt man auch zu den zarteren Stellen den Grabstichel zu Hülfe, wodurch Holzschnitte von ausgezeichneter Feinheit entstehen können. Früher besonders wurden häufig Holzschnitte verfertigt, welche braun getuschten, weiss gehöhten Zeichnungen mit Federumriss ähnlich sehen und clairobscur (in Helldunkel) genannt werden. Hier wird nicht allein der Umriss in Holz geschnitten, (auch zuweilen auf eine Kupferplatte gestochen) sondern es müssen so viele Holzstöcke (Platten) geschnitten werden, als die Originalzeichnung Farbentöne enthält, oft 3 bis 4, welche also in breiten Flächen stehen bleiben; auf allen Platten aber ist das weise Gehöhte herausgeschnitten und dadurch die starke Pressung bei jedem Abdrucken dieser Stöcke sich das Papier in diese Vertiefungen eindrückt, so erhalten diese weissen Stellen ganz das Ansehen, als wären die Lichter mit weisser Farbe gehöht. Hugo da Carpi, geb. in Rom um 1480, war der Erste, welcher in dieser Art gearbeitet und sehr schöne Blätter, besonders auch nach Raphael, geliefert hat, zu dessen Schülern er gerechnet wird, sich aber, da es ihm mit der Malerei nicht recht gelang, auf's Formschneiden legte. Auch die Arbeiten des Andreas Andreani, geb. zu Mantua um 1540, gest. zu Rom in hohem Alter, werden sehr geschätzt, von beiden aber sind schöne Abdrücke selten zu haben. Gegenwärtig wird der Holzschnitt fast nur zu Darstellung einfarbiger schwarzer Zeichnungen benutzt und von vielen Künstlern mit grossem Geschick angewendet.

C. Lithographie, Steindruck.

Schon die Benennung: Lithographie (Steinzeichnung) zeigt, dass hierbei nicht Platten von Kupfer, sondern von Marmor verwendet werden, welche nach Verhältniss ihres Umfangs eine solche Dicke haben, dass sie den Druck der Presse aushalten können, ohne zu springen. Die Steine müssen ohne Flecken und von heller Farbe sein, entweder bläulich oder gelbröthlich, von welchen die ersteren sich vorzüglich zur Kreidemanier eignen. Die besten kommen aus der Grafschaft Pappenheim in Baiern. Man zeichnet auf Stein entweder mit einer Kreide, welche aus Seife, Wachs und Russ bereitet ist, oder mit einer ähnlichen in Wasser auflösbaren Tusche mit Stahlfedern, auch kann man auf Stein radiren: Zu den beiden ersten Manieren wird der Stein ganz eben, aber matt geschliffen, so dass er ein feines Korn erhält. Dann wird der Umriss darauf gebaust und nun mit der Kreide oder Feder ausgeführt wie auf Papier, jedoch mit grosser Vorsicht, da Verbesserungen schwierig sind und nicht durch Wegwischen geschehen können. Um auf Stein zu radiren, wird derselbe nicht blos eben geschliffen, sondern auch glatt polirt und dann mit einer schwarzen Gummifarbe überzogen. Die übrige Behandlung ist dann wie bei dem Radiren auf Kupferplatten; aber wenn diese Arbeit vollendet ist, wird der Stein geölt, wo dann das Oel in die Radirung eindringt und diese als fettige Zeichnung, jedoch kaum sichtbar stehen bleibt, welche erst beim Schwärzen zum Abdruck zum Vorschein kommt. Das Folgende ist bei den drei verschiedenen Manieren gleich; der Stein wird nehmlich mit schwachem Scheidewasser übergossen und leicht geätzt, wodurch seine Oberfläche um ein Geringes vertieft wird, also die fettige Zeichnung unmerklich erhöht stehen bleibt und dann der Druck erfolgen kann. Vor jedem Abdruck muss der ganze Stein mit reinem Wasser und einem weichen Schwamm vollkommen feucht gemacht und dann rasch geschwärzt werden. Dieses geschieht vermittelst einer Walze von Leder, auf welcher die Druckerschwärze gleichmässig vertheilt ist und womit der Stein überwalzt wird. Da nimmt nun die fettige Zeichnung in ihren kleinsten

Theilen die ebenfalls fette Schwärze an, der übrige nasse Stein aber bleibt davon verschont, und nun wird der Abdruck zu Stande gebracht, nachdem das feuchte Papier, auf dieses Maculatur und ein oben gefettetes Leder, welches in einem ziemlich schweren eisernen Rahmen befestigt ist, aufgelegt wurde. Hierzu sind 2 verschiedene Pressen in Gebrauch und zwar die sogenannte Stangenpresse zu kleineren mit der Feder gezeichneten oder radirten Sachen. Sie besteht aus einem Gestell mit einem starken unbeweglichen Brett von hartem Holz, auf welches der Stein zu liegen kommt. Von dem oberen Querholz geht eine bewegliche Stange herab, an welcher der Reiber, ein verhältnissmässig langes dreieckiges hartes Holz, befestigt ist (dessen untere Kante ein wenig abgerundet), welcher nun vermittelst einer Vorrichtung gegen den Stein gedrückt und stramm darüber hinweggezogen wird und so den Abdruck bewirkt. Da nun der Reiber bei dieser Stangenpresse nicht vom Anfang des Steines bis zum Ende vollständig gleichen Druck ausüben kann, so muss bei grösseren Platten und bei der Kreidemanier, welche ohnehin am schwierigsten zu drucken ist, die Rollpresse angewendet werden. Bei dieser steht der Reiber fest, der Stein aber, welcher in einem Kasten liegt, wird vermittelst einer Rolle, die durch eine Kurbel in Bewegung gesetzt wird, unter dem aufstehenden Reiber hingezogen. — Mit den erhaltenen Abdrücken wird dann eben so verfahren wie bei Kupferabdrücken. Bei sorgfältiger Behandlung kann man, besonders von Federzeichnungen und Radirungen, eine grosse Zahl erhalten, die Arbeit kann aber auch durch einen nachlässigen ungeschickten Drucker leicht verdorben werden, weil das gleichmässige Anfeuchten und Einschwärzen des Steines viel Aufmerksamkeit erfordert. — Der Steindruck wurde in München von Aloys Sennefelder, geb. daselbst 1772, und einem gewissen Gleisner erfunden, anfangs vorzüglich zum Notendruck verwendet, aber bald durch Strixner, Piloty und Andere so ver-. vollkommnet, dass in neuester Zeit von sehr geschickten Lithographen ganz vorzügliche Blätter, besonders in Kreidemanier geliefert worden sind, welche oft den Charakter der Gemälde treffender wiedergeben, als selbst gute Kupferstiche und dabei zu einem ungleich niedrigeren Preise zu haben sind, nur muss natürlich auch hier wie bei jenen auf Güte der Abdrücke gesehen werden. — Der sogenannte Tondruck wird durch 2 Platten bewirkt. Auf der einen deckt man die Lichter, welche bei Zeichnungen auf farbigem Papier (Tonpapier) mit Weiss aufgesetzt werden, vermittelst aufgelösten Gummi's, worauf der Stein geölt und dann wieder gereinigt wird. Diese gedeckten Stellen bleiben nun bei den mit einer hellen gelblichen oder bläulichen Farbe gemachten Abdrücken weiss, auf welche dann die schwarze Zeichnung durch die 2. Platte, auf der sich diese befindet, gedruckt wird. — Jetzt kann man auch Gemälde, oft sehr täuschend, durch Farbendruck vervielfältigen. Hierzu sind so viel Platten nöthig, als Farben gedruckt werden sollen, also oft eine ziemlich grosse Zahl, dessen ohngeachtet müssen aber noch meistens Nachhülfen mit dem Pinsel gemacht werden; jedoch wird Ausgezeichnetes hierin geleistet und die früheren sogenannten englischen bunten Kupferstiche, welche ebenfalls mit mehreren Platten gedruckt wurden, kommen dagegen kaum mehr in Betracht, sowie in unserem Zeitalter der Erfindungen auch von dem Steindruck vielleicht noch manches Neue und Interessante zu erwarten ist.

III.

Verzeichniss

vorzüglicher Kupferstecher und Lithographen, sowie ihrer bedeutendsten Werke, welche sich in meiner eigenen Sammlung befinden.

Obgleich der Verfasser dieser Schrift bei vielen der hier angeführten Kupferstiche die ersten Abdrücke angegeben, so hat derselbe doch durch langjährige Erfahrung, vieles Sehen und Vergleichen die Ueberzeugung gewonnen, dass man sich hinsichtlich der Schönheit der Abdrücke nicht immer auf die ersten Drücke verlassen kann; daher zuweilen Drücke mit der Schrift, wenn die Platte noch nicht angegriffen ist, denen vor derselben, oder mit 1. Adresse und dergleichen vorzuziehen sind, da ja allzu viel auf der geschickten Behandlung des Druckers beruht, und auch nicht selten, besonders bei retouchirten Platten, Betrügereien durch Decken der Schrift oder auf andere Weise vorkommen. Ein geübtes Auge ist hierin meistens der beste Leiter und sicherer, als jene Andeutungen oder die Anpreisungen in Katalogen, welche mitunter von Unkundigen angefertigt und zum Druck eingesendet werden. — Die angegebenen Grössen der Bilder ohne Rand sind nach dem rheinländ. Duodecimalmaas in Zollen (″) und Linien (‴) bestimmt, und zwar die Höhe allemal zuerst.

Agricola, Carl,
geb. zu Reichenberg bei Memmingen, lebte seit 1797 in Wien, gest. das. 1852.

1) Das Leichenbegängniss des Amor; nach Nic. Poussin. Schöner Abdr. vor der Schr. 11″ 7‴ — 16″ 4‴.

Ausser diesem reizenden Blatte wären wohl noch anzuführen: eine Pietà nach einer Handzeichnung von Raphael 12″ 9‴ — 15″ 4‴, sowie einige zum Theil sehr kleine Blätter nach Elsheimer u. s. w.

Amsler, Samuel,
geb. zu Schinznach in der Schweiz 1793, gest. in München 1849.

2) Josephs Traumdeutung vor Pharao; nach Cornelius. 13″ 6‴ — 17″ 6‴.

Anderloni, Peter,
geb. zu S. Eufemia im Brescianischen 1784, gest. zu Mailand 1849. Sein Bruder Faustin vollendete Nr. 241.

3) Das Urtheil Salomonis; nach Raphael Sanzio. Vorzüglich. 23" 4''' — 17".
4) Die Ehebrecherin vor Christo; nach Tizian. Vorzügl. Druck von Tanner mit 1 Punkte. (Aus dem ersten Hundert.)
5) Moses am Brunnen; nach N. Poussin. Ebenso; beide 16" 4''' — 24' 6'''.

Aubertin, F.,
lebte um 1800 zu Leipzig.

6) Wasserfall in wilder Gegend mit Vieh; nach Berghem. Aquatinta. 22" 9''' — 19".
7) Landschaft mit Vieh; nach Dietrich. Ebenso. 13" 4''' — 18" 4'''.

Aubry - Lecomte, Hyacinth,
geb. zu Nizza 1797.

8) Monna Lisa Giocondo; nach Leon. da Vinci. Lithogr. 11" 4''' — 7" 8'''.
Dieses Bild wurde in neuerer Zeit von Calamata sehr schön gestochen.

Audran, Benedict,
geb. zu Lyon 1661, gest. zu Paris 1721.

9) Moses am Brunnen; nach Carl le Brun. 20" — 25".
10) Moses errichtet die eherne Schlange; nach demselben. 20" 8''' — 27" 4'''.
11) Die Aufrichtung Christi am Kreuze. 1. Dr. mit 1706, ebenso. 20" 6''' — 27" 4'''.
12) Paulus lässt zu Ephesus die Bücher der Magier verbrennen; nach le Sueur. 20" — 24" 2'''.

Audran, Gerhard,
geb. zu Lyon 1640, gest. zu Paris 1703.

13) Die Kuppel der Kirche Val de Grace zu Paris mit über 200 Figuren; nach Mignard, in 6 Blättern. Sehr schön. Kreisrund, 49" Durchm.
14) Plafond zu Versailles (allegorisch-mythologische Darstellung); nach Mignard. Prächtiger Stich und Druck, in 3 Blättern. 27" — 58" 11'''.
15) Apoll und die Jahreszeiten, Plafond im Schlosse zu Vaux le Vicomte, dem Landsitze Fouqué's; nach le Brun, in 4 Blättern. Sehr schön. Länglichrund, 30" 8''' — 41".
16) Die Kuppel der Kapelle in Colbert's Schlosse zu Seaux. Der ewige Vater umgeben von Engeln mit den Insignien des alten Bundes; nach le Brun, in 5 Blättern. Kreisrund. Sehr schön in Stich u. Druck. 44" 4''' im Durchm.

17) Die Kreuztragung; nach Mignard. Sehr schöner, alter Druck vor zugelegter Dedication. 22" 4''' — 29" 9'''.
Dieses Blatt ist von Joh. Audran in gleicher Breite aber etwas niedriger ziemlich täuschend copirt.
18) Die Enthauptung des heil. Protasius; nach le Sueur. 23" 7''' — 33" 9'''.
19) Christus speiset die Fünftausend; nach Claude Audran u. Vernansal. Sehr schön. 20" 8''' — 26" 4'''.
20) Der heil. Andreas wird zur Richtstätte geführt; nach Guido Reni. Ebenso. 20" 2''' — 20" 7'''.
21—24) Die berühmten Alexanderschlachten; nach le Brun.
a) Der Uebergang über den Granicus, in 4 Blättern. 25" — 52" 10'''. — b) Die Schlacht bei Arbela, in 4 Blättern. 24" 8''' — 60" 3'''. — c) Die Gefangennehmung des Porus, in 4 Blättern. 24" 11''' — 59" 11'''. — d) Der Einzug in Babylon, in 2 Blättern. 25" 1''' — 35" 4''', sämmtlich in alten vorzügl. Dr. mit dem Namen des Druckers Goyton und vor den römischen Zahlen rechts oben. (Das hierzu gehörige Zelt des Darius siehe unter Edelinck.)
25) Der Tod der heil. Agnes; nach Dominichino. Oben rund. 25" 11''' — 14" 11'''.
26) Die Marter des heil. Laurentius; nach le Sueur. Oben rund. Vorzüglich. 25" 11''' — 14" 11'''.
27) Die Pest auf Aegina; nach Mighard. Erster vorzügl. Druck, wo die Juno mit dem Pfau in den Wolken. Diese ist in den zweiten Drucken in einen Strafengel verwandelt und das Blatt als die Pest unter den Juden bekannt. 18" 2''' — 26" 8'''.
28) Die Steinigung des heil. Stephanus; nach le Brun. 21" 4''' — 15" 5'''.
29) Christus am Oelberge; nach Dominichino. Seltenes vortreffl. Blatt. 19" — 15" 7'''.
30) Ulysses entdeckt den Achilles unter den Frauen; nach Hannibal Carracci. 18" 6''' — 14" 2'''.
31) Aeneas rettet seinen Vater Anchises aus Troja; nach Dominichino. Sehr schön. 13" 2''' — 9" 7'''.
32) Die Entführung des Ganymed, Deckengemälde zu Venedig; nach Tizian. Achteck. Vorzügl. Dr. vor der Schr. Selten. 8" — 8".

Audran, Johann,
geb. zu Lyon 1667, gest. zu Paris 1756.

33) Die Krönung der Königin Maria von Medicis, Gemahlin Heinrich's IV; nach Rubens. 16" 10''' — 31" 4'''.
34) Der wunderbare Fischzug; nach Jouvenet. 20" — 30" 5'''.
35) Die Erweckung des Lazarus; nach demselben. 20" — 30" 5'''.

36) Die Gefangenehmung der Königin Athalja; nach Ant. Coypel. 18" 4''' — 26" 8'''.
37) Die Darstellung im Tempel; nach Corneille. 17" 4''' — 23" 11'''.
38) Galathea auf dem Meere, von Nymphen umgeben; nach C. Maratti. 14" 5''' — 22" 8'''.
39) Der Raub der Sabinerinnen; nach N. Poussin. 15" 6''' — 20" 10'''.

Sämmtlich sehr schön.

Balechou, Joh. Jacob,
geb. zu Arles oder Artois um 1715, gest. zu Avignon 1764.

40) August III. König von Polen in ganzer Figur mit dem Mohren; nach Rigaud. 26" 6''' — 19" 1'''.
41) Die Badenden; nach Vernet. 1. ganz vorzügl. Dr. mit der punktirten Linie unter Vernet's Namen u. den engen Linien durch die Unterschr. 17" 5''' — 22".
42) Der Schiffbruch; nach demselben. Sehr schön. 16" 10''' — 21" 2'''.

Bartolozzi, Franz,
geb. zu Florenz 1730, lebte lange zu London und starb zu Lissabon 1813.

43—46) Die vier Elemente: Feuer, Luft, Wasser, Erde; nach Albani. Schön radirte Blätter in Kreisform, umgeben mit Quadrat. 19" 8'''.
47) Clytie verwundet den Amor mit einem Dorn; nach Hannibal Carracci. Vorzügl. Dr. 16" 6''' im Quadrat.
48) Venus und Amor auf einem Ruhebette; nach Giordano. Vor der Schr., sehr schön. 12" 10''' — 18" 1'''.
49) Die Beschneidung; nach Guercino. Sehr schönes Blatt. 20" — 13".
50) Silentium (Maria mit dem schlafenden Kinde und Johannes); nach H. Carracci. Vorzügl. 14" — 18" 9'''.
51) Abraham's und Loth's Auszug nach Egypten; nach Zuccarelli. (Die Landschaft von Byrne) Reizendes Blatt, selten. 16" 3''' — 19" 7'''.
52) Heilige Familie auf der Flucht nach Egypten; nach Maratti. Punktirt, schön. 16" 3''' — 13" 2'''.
53) Die Ehebrecherin vor Christo; nach Augustin Carracci. 11" 10''' — 15" 1'''.
54) Maria Stuart mit ihrem Sohne (nachmals Jacob I. von England); nach Zucchero. 14" 8''' — 10" 8'''.

Bause, Joh. Friedr.,
geb. zu Halle 1738, lebte lange zu Leipzig, gest. zu Weimar 1814.

55) Peter I., Kaiser von Russland; nach le Roy. 13" 7''' — 9" 9'''.
56) Gustav Adolph, König von Schweden; nach Fittler. 13" 7''' — 10" 1'''.

57) Friedrich II., König von Preussen; nach Graff. 13" 3''' — 9" 8'''.
58) Heinrich Prinz von Preussen (Bruder Friedrich's II.); nach Graff. 10" 2''' — 7" 2'''.
59) J. G. Boehmius, Professor in Leipzig; nach Graff. 13" 8''' — 9" 2'''.
60) Christ. Regina Boehmia, dessen Gattin; nach Graff. 13" 8''' — 9" 2'''.
61) Joh. Joach. Spalding, berühmter Kanzelredner in Berlin; nach demselben. 9" 6''' — 6" 11'''.
62) Joh. Reinhold Forster, Naturforscher und Professor in Halle; ebenso. 9" 11''' — 6" 11'''.
63) Joh. Georg Sulzer, Philosoph und Professor in Berlin; ebenso. 9" 5''' — 6" 11'''.
64) Fr. N. Morus, Professor in Leipzig; ebenso. 9" 9''' — 6" 10'''.
65) J. Fr. W. Jerusalem, vorzüglicher Kanzelredner; nach Oeser. 9" 10''' — 6" 11'''.
66) Joh. Jac. Bodmer, Professor etc. in Zürich; nach Graff. 9" — 6" 9'''.
67) G. W. Rabener, bekannter Satyriker; ebenso. 9" 9''' — 6" 8'''.
68) H. G. Koch, ausgezeichneter Komiker; gez. von Bause. 10" 2''' — 7".
69) Henriette Koch, berühmte Schauspielerin und Sängerin; nach Graff. 11" 4''' — 7" 11'''.
70) Der Persianer; nach Mieris. 8" 8''' — 6" 6'''.
71) Rosetta; nach Netscher (dessen Tochter). 9" 9''' — 8" 1'''.
72) Die drei Apostel; nach Caravaggio. Schöne Radirung. 10" 4''' — 14" 9'''.

Sämmtlich sehr schön, 61, 62, 65, 66, 70 und 71 ausgezeichnet.

Beauvarlet, Jacob,
geb. zu Abbeville 1731 oder 33, gest. zu Paris 1797.

73) Les Conseuses; nach Guido Reni. Sehr schön. 15" 2" — 21" 1'''.
74) Le Bourg-Mestre; nach Ostade. 14" 4''' — 11" 9'''.

Bervic, Carl Clemens,
geb. zu Paris 1756, gest. daselbst 1822.

75) Ludwig XVI.; nach Callet, 1. ganz vorz. Dr. von der unzerschnittenen Platte. 26" 3''' — 19" 8'''.
76) Die Entführung der Dejanira; nach Guido Reni. 1. Dr. von wunderbarer Schönheit. 14" 5''' — 13" 9'''.

Bettelini, Peter,
geb. zu Lugano 1763, gest. zu Rom 1828.

77) Die Grablegung (Pietà); nach Andrea del Sarto. Sehr schön. 20" 3''' — 13" 9'''.

78) Die Anbetung der Hirten; nach van der Werf. 18" 3'" — 13" 9'".
79) Die Himmelfahrt Mariae; nach Guido Reni. 23" 3'" — 16" 1'".
80) Die büssende Magdalena; nach Schidone. Vorzüglich. 17" 7'" — 13" 4'".
81) Johannes der Evangelist; nach Dominichino. Vor der Schr., sehr schön. 17" 5'" — 13" 2'".
82) Galileo Galiäi; nach Passignani. Sehr schön. 13" 5'" —. 11" 2'".

Biondi, L.,
um 1830.

83) Johannes der Täufer, als Jüngling in der Wüste; nach Raphael's Bilde in Florenz. 11" 5'" — 9".

Bisi, Michael,
geb. zu Genua 1788, lebte zu Mailand noch 1830.

84) Madonna mit dem Kinde, dem heil. Antonius dem Einsiedler, der heil. Barbarba und einem musicirenden Engel; nach Luini. Vorzüglich. 19" 11'" — 13" 11'".

Bloemaert, Cornelius,
geb. zu Gorkum oder Utrecht 1603, gest. zu Rom 1680.

85) Petrus erweckt die Tabitha; nach Guercino. Sehr schön und selten. 14" — 17".
86) Heilige Familie; nach Hannibal Carracci. Ebenso. 13" 10'" — 10" 5'".

Boissieu, Joh. Jacob de,
geb. zu Lyon 1736, gest. daselbst 1810.

87) Waldeingang, rechts eine Hütte im Sonnenschein; Original-Radirung. 1. vorzügl. Dr. mit dem Stern und der unausgeführten Ecke. 9" 6'" — 14" 2'".

Bolswert, Boetius,
geb. zu Bolswert in Friesland 1580, gest. zu Antwerpen 1634.

88) Die Erweckung des Lazarus; nach Rubens. Vorzüglich. 24" 4'" — 19".
89) Die Anbetung der Hirten; nach Abraham Bloemaert. 19" — 15".

Bolswert, Schelte à,
geb. zu Bolswert um 1586, gest. zu Antwerpen in hohem Alter.

90) Die Löwenjagd; nach Rubens. Vorzügl. Dr. sowie die Folgenden. 15" 8'" — 22" 8'".
91) Der grosse wunderbare Fischzug; in 3 Blätt. Vorzügl. Dr. 20" 3'" — 32" 8'".
92) Die Bekehrung Saul's (Pauli). 16" 5'" — 22" 11'".

93) Die Himmelfahrt Mariae (oben eckig). 23" 10''' — 16" 11'''.
94) Die Himmelfahrt Mariae (oben rund). Vorzügl. Dr. mit van den Enden. 23" 7" — 16" 2'''.
95) Die vier Evangelisten. 1. vorzügl. Dr. mit Lauwers Adresse. 19" 8''' — 18" 4'''.
96) Die Kirchenväter der heil. Norbertus, Thomas von Aquino und die heil. Clara. Ebenso. 19" 10''' — 18" 5'''.
97) Die Geburt (Virgo quem genuit adoravit); mit van den Enden. Vorzüglich. 15" 9''' — 12" 1'''.
98) Die Anbetung der Könige (Et procidentes etc.); ebenso. 16" 2''' — 12" 2'''.
99) Die berühmte Dornenkrönung (Verspottung); nach A. van Dyck; ebenso. 21" 11''' — 16" 4'''.

Browne, Johann,
geb. zu Oxford 1719, gest. zu London nach 1794.

100) Landschaft nach Johann und Andreas Both. (Banditti prisoners.) 23" 7''' — 33" 4'''.
101) Landschaft nach Salvator Rosa. (Apoll und die Sibylle.) 19" 5''' — 29".
102) The Waggoner, Landschaft mit aufgehendem Mond; nach Rubens. 16" 3''' — 21" 11'''.
103) The Watering Place. Ausgezeichnet schöne Landschaft mit Vich. 16" 6''' — 22".
104) Johannes predigt in der Wüste; nach Salvator Rosa. 16" 6''' — 22" 2'''.
105) Cephalus und Procris; sehr schöne Landschaft nach Claude Lorrain. 16" 3''' — 21" 11'''.
106) The Sportsman; Landschaft nach C. Poussin. 13" 4''' — 17" 2'''.

Durchgehends in vorzüglichen Abdrücken.

Byrne, Wilhelm,
geb. zu Cambridge 1745, gest 1805.

107) Landschaft mit Wasserfall und Figuren; nach Zuccarelli. Sehr schön. 14" 4''' — 18" 9'''.

Camerata, Joseph,
geb. zu Venedig 1719 oder 24, gest. zu Dresden 1803.

108) Der heil. Rochus vertheilt seine Habe unter die Armen; nach Hannibal Carracci. 19" 7''' — 28" 4'''.

Carracci, Augustin,
geb zu Bologna 1557, gest. zu Parma 1602.

109) Aeneas trägt seinen Vater Anchises aus dem brennenden Troja; nach Fr. Baroccio. Alter sehr schöner Dr. 14" 9''' — 20" 2'''.

Chasteau, Wilhelm,
geb. zu Orleans 1633, gest. zu Paris 1683.

110) Das Mannalesen; nach N. Poussin. 1. Dr. mit Goyton. 15" 3''' — 23" 7'''.
111) Die vier Propheten in der Kirche S. Maria della pace, Capelle Chigi; nach Raphael Sanzio. 14" 8''' — 19"· 10'''.

Chatillon, Heinrich Wilh.,
geb. zu Paris 1780.

112) Der Erzengel Michael bekämpft den Satan; nach Raphael Sanzio. Vorzügl. Blatt. 20" 2''' — 12" 8'''.

Chereau, Franz,
geb. zu Blois 1681 oder 91, gest. zu Paris 1729.

113) Melchior, Cardinal de Polignac; nach Hyac. Rigaud. 16" 5'" — 12" 11'''.

Cipriani, Galgano,
geb. zu Siena 1775.

114) Petrus und Paulus; nach Guido Reni. 17" 10''' — 12" 8'''.

Comte, Benj. Rud. le,
aus Waadt in der Schweiz, lebte um 1790.

115) Die Cascade von St. Saphorin; nach Bacler d'Albe. 14" 9''' — 19" 11'''.

Cort, Cornelius,
geb. zu Hornes in Holland 1537, gest. zu Rom 1578.

116) Die Marter des heil. Laurentius; nach Tizian. 18" 10''' — 13" 2'''.

Dalen, Cornelius van,
geb. wahrscheinl. zu Antwerpen 1626, lebte 1650 zu London.

117) Die vier Kirchenväter; nach Rubens. Vorzügl. 1. Dr. vor Blotelings Adresse. 11" — 9" 7'''
118) Giorgione del Castel Franco (Barbarelli); nach ihm selbst 14" 6''' — 10" 10'''.
119) Sebastian del Piombo; nach Tizian. 14" 6''' — 10" 10'''.

Desnoyers, August Boucher,
geb. zu Paris 1779, gest. daselbst 1857.

120) Eliezer und Rebecca am Brunnen; nach N. Poussin. 15" 3''' — 24" 10'''.
121) Wettstreit der Musen und Pieriden; nach Perin del Vaga.. 13" 1''' — 22" 5'''.
122) Belisaire; nach Gerard. 1. Dr. mit dem Stempel der beiden Köpfe. 18" 9''' — 14" 6'''.
123) La Vierge aux rochers; nach Leon. da Vinci. 16" 11''' — 11" 5'''.

124) La belle jardinière; nach Raphael Sanzio, wie die Folgenden. 17″ 2‴ — 11″ 7‴.
125) La Vierge de la maison d'Albe. 17″ 1‴ — 13″ 9‴.
126) La Vierge au Linge. 15″ 10‴ — 11″ 3‴.
127) La Vierge au Poisson. 17″ 6‴ — 12″ 8‴. Alle in alten vorzügl. Drücken.
128) La Visitation. Mit Nadelschr. 17″ 7‴ — 12″ 10‴.

Desplaces, Ludwig,
geb. zu Paris 1682, gest. daselbst 1739.

129) Christus heilt die Kranken; nach Jouvenet. 20″ 3‴ — 30″ 9‴.
130) Die Kreuzaufrichtung; ebenso. 20″ 1‴ — 14″.
131) Die Kreuzabnahme; desgleichen. 20″ 3‴ — 14″.
132) Mariae Verkündigung; nach L. Boulogne. 21″ 6‴ — 14″ 7‴.

Dirks, A.,
geb. 1806, lebt in Düsseldorf.

133) Albert Thorwaldsen; nach Heinrich Mücke. Lithographie. Ohne Hintergr. 6″ 6‴.

Dorigny, Nicolaus,
geb. 1657 wahrsch. zu Paris, gest. daselbst 1746.

134) Die Kreuzabnahme; nach Daniel da Voltorra (Ricciarelli). 1. Dr. vor dem Worte eques. 28″ 3‴ — 18″ 11‴. Dieses Bild ist auch von Toschi vortrefflich gestochen.
Als Seitenstück stach Dorigny die Verklärung nach Raphael, welche aber auch im 1. Druck vor eques selten zu haben ist.
135—41) Die berühmten sieben Cartons; nach demselben. a) Christus übergiebt dem Petrus die Schlüssel. 18″ — 28″ 4‴. — b) Die Heilung des Lahmen. 18″ 2‴ — 28″ 5‴. — c) Paulus und Barnabas zu Lystra. 18″ — 28″ 5‴. — d) Der Tod des Ananias. 18″ — 28″ 3‴. — e) Die Blendung des Elymas. 18″ — 22″ 11‴. — f) Der wunderbare Fischzug. 18″ 2‴ — 22″ 1‴. — g) Paulus predigt auf dem Areopag. 18″ 2‴ — 22″ 11‴. In den 1. vorzügl. Dr. vor eques, nebst dem Titelblatt. In solcher Beschaffenheit sehr selten.
Die in der Technik ausgezeichneten Stiche von Halloway stehen denjenigen von Dorigny im Charakter der Köpfe weit nach.
142) Die heil. Dreifaltigkeit; nach Guido Reni. Oben rund. 22″ 11‴ — 13″ 2‴.
143) Die Marter des heil. Sebastian; nach Dominichino. Ebenso. 22″ 2‴ — 13″ 1‴.
144) Die Beerdigung der heil. Petronella; nach Guercino. Ebenso. 22″ 2‴ — 13″.

Dossler, Michael,
geb. zu Paris 1684, gest. daselbst 1742.

145) Die Vermählung Mariens mit Joseph; nach Jouvenet. 22" 6'" — 16" 2'".

Drevet, Peter,
Vater und Sohn; ersterer geb. zu Lyon 1664, gest. zu Paris 1739; der Sohn geb. zu Paris 1697, gest. daselbst 1739.

Es ist nicht bei allen Blättern bestimmt anzugeben, ob sie vom Vater oder Sohne herrühren. Die hier angeführten besitzt der Verfasser sämmtlich in vorzüglichen Drücken. Der Sohn soll auch Imbert geheissen haben.

146) Die Darstellung im Tempel; nach L. de Boulogne. (Vom Sohne.) Seltener Abdruck vor der Retouche und von vorzüglicher Schönheit. In einem solchen nur kann man die Vortrefflichkeit dieses ausgezeichneten Stiches gehörig würdigen. 20" 3'" — 25" 11'".
147) Abraham will seinen Sohn Isaac opfern; nach Anton Coypel. (Vom Vater.) 1. vortreffl. Dr. vor der zugelegten Adresse. 19" — 15" 8'".
148) Eliezer und Rebecca am Brunnen; nach Ant. Coypel. (Vom Sohne.) Alter vorzügl. Dr. 20" 3'" — 16" 2'".
149) Christus am Oelberge; nach Restout. (Wahrsch. vom Vater.) Im Winkel rechts unten: prieux Dieu pour lui. Vorzügl. alter Druck. 20'" — 15" 3'".
150) Ludwig XIV. in ganzer Figur; nach Rigaud. Vortreffl. 1. Dr. mit dem kurzen Schatten auf dem Schenkel. (Vom Sohne.) 24" 4'" — 18" 10'".
151) Ludwig XV. in ganzer Figur als Knabe auf dem Throne sitzend; nach Rigaud. (Vom Vater.) 26" 2'" — 18" 10'".
152) Louis Alexander de Bourbon, Comte de Toulouse; nach Rigaud. (Vom Vater.) Vortreffl. Dr. der 1. Platte mit Handschuh, welche der 2. späteren ohne diesen vorzuziehen ist. 17" 7'" — 14" 4'".
153) Ludwig XV. als Knabe im Krönungsornate, Halbfigur; nach Rigaud. (Wahrsch. vom Sohne.) Vorzüglich. 17" 1'" — 12" 11'".
154) Marie, Souveraine de Neufchatel; nach Rigaud. (Vom Vater.) Ebenso wie die Folgenden. 16" — 12" 5'".
155) Louis Hector Duc de Villars; nach Rigaud. 19" 10'" — 13" 5'".
156) Nicolaus Lambert, Präsident; nach Largillière. (Vom Vater, wie das Folgende.) 16" —12" 10'".
157) Marie de Laubespine, femme de N. Lambert; nach demselben. 16" 2'" — 12" 6'".
158) Robert de Cotte; nach Rigaud. (Vom Sohne.) 1. vortreffl.

Druck vor dem Worte Architect nach premier. 14″ 10‴ — 11″ 6‴.
159) Hyacinthe Rigaud; nach dem eigenen Bilde mit der Reissfeder; dem mit Palette vorzuziehen. (Vom Vater.) 1. sehr schöner Dr., wo die Draperie nur bis auf die 1. Schriftzeile herabgeht und ohne die Jahrzahl 1721. 17″ 6‴ — 12″ 8‴.
160) René François de Beauvais, Archeveque; nach Rigaud. (Vom Vater.) Vortrefflich. 16″ 8‴ — 13″ 4‴.
161) Guillaume, Cardinal Dubois; nach Rigaud. (Vom Sohne.) Ebenso. 16″ 8‴ — 13″ 4‴.
162) André Hercules, Cardinal de Fleury; nach Rigaud. (Vom Vater.) Sehr schön. 19″ 2‴ — 14″ 4‴.
163) Jacobus Benignus Bossuet Episcopus. (Vom Sohne.) Ausgezeichnet schöner Dr. vor den Punkten hinter pinxit. 18″ 2‴ — 12″ 7‴.
164) Ludov. August. Dombarum Princeps (Herzog von Maine, souv. Fürst von Dombes); nach de Troy d. Vater, sowie die Folgenden sehr schön. 11″ — 8″.
165) Ludovicus Dux Aurelianensis (Herzog von Orleans, Sohn des Regenten); nach Carl Coypel. 8″ 11‴ — 6″ 3‴.
166) Arnould de Loo, Ordensgeneral; nach Jouvenet. Sehr selten. 10″ 11‴ — 8″ 2‴.
167) Salignac de la Mothe Fenelon; nach Vivien. (Vom Sohne.) Sehr selten. 9″ 2‴ — 7″.

Duchange, Caspar,
geb. zu Paris 1662, gest. daselbst 1757.

168) Das Gastmahl bei Simon dem Pharisäer; nach Jouvenet. Vorzüglich. 20″ 4‴ — 30″ 9‴.
169) Die Amazonenschlacht; nach Rubens. 12″ 2‴ — 16″ 9‴.
170) François Girardon, Bildhauer; nach Rigaud. 13‴ — 9″ 5‴.
171) Charles de la Fosse, Maler; ebenso. 13″ 4‴ — 9″ 2‴.

Dufles, Claudius, (der Vater),
geb. zu Coucy 1665, gest. zu Paris 1727.

172) Die heil. Cecilia; nach Mignard. 19″ 6‴ — 15″ 4‴.
Dieses Blatt ist in neuerer Zeit von Ulmer sehr schön gestochen.

Dupuis, Carl,
geb. zu Paris 1685, gest. daselbst 1742.

173) Alexander Severus lässt bei einer Hungersnoth Getreide vertheilen. 11″ 4‴ — 20″ 1‴.
174) Trajan ertheilt seinen Unterthanen öffentlich Audienz. 11″ 4‴ — 20″ 1‴. Beide nach Noel Coypel.

Dürer, Albrecht,
geb. zu Nürnberg 1471, gest. daselbst 1528.

175) Der heil. Hieronymus in der Zelle (wie man glaubt Dürer's Arbeitszimmer). Dieser vorzügliche und interessante Stich des Meisters ist in schönen Drücken von guter Erhaltung sehr selten und wird mit mehr als 50 Thlr. bezahlt. Der Verfasser besitzt eine sehr täuschende Copie von einem unbekannten Stecher, nur durch die Kralle am linken Vorderfusse des Löwen kenntlich, welche im Original rauh, in der Copie aber glatt ist. Jedoch auch dieses, der Copie von Wierx weit vorzuziehende Blatt ist in kräftigen Drücken selten und gesucht. 9″ 2‴ — 6″ 8‴.

Earlom, Richard,
geb. zu Sommersetshire 1728, gest. um 1794.

176) Agrippina landet zu Brundusium mit der Asche des Germanicus; nach West. Vorzüglich schön vor der Schrift. 19″ — 27″ 1‴.
177) Der Triumph des Mardochai; nach Eckhout. Ausgezeichnet schön, mit Nadelschrift. 17″ 4‴ — 22″ 4‴.
178) Maria mit dem schlafenden Kinde in einer Landschaft (la Zingara); nach Correggio. Sehr schön, vor der Schr. 21″ — 14″ 6‴.
179) Die heil. Familie; nach Rubens. Sehr schön. 21″ 5‴ — 14″ 7‴.
180) Bathseba führt David die Abisag zu; nach van der Werff. Vorzügl. Blatt. 22″. 5‴ — 17″ 5‴.
181) Die Schmiede (a Blacksmith's Shop); nach Jos. Wright. Ebenso. 21″ 2‴ — 16″ 5‴.
182) Rembrandt; nach dem eigenen Bilde. 17″ — 13″ 6‴.
183) Rembrandt's Wife; nach Rembrandt. 15″ — 11″ 8‴.

Edelinck, Gerhard,
geb. zu Antwerpen 1648 oder 49, gest. zu Paris 1707.

184) Ludwig XIV. siegt über seine Feinde (die grosse Friedensthesis); nach le Brun. In 2 Blättern. 41″ 7‴ — 28″ 11‴.
185) Ludwig XIV. besiegt Furcht, Faulheit, blinde Wuth und Mordsucht; grosse Thesis in 2 Blättern. 30″ 10‴ — 26″ 4‴.
186) Das Zelt des Darius; nach le Brun In 2 Blättern. Herrlicher Druck mit Goyton. Gehört zu den Alexanderschlachten von G. Audran. 23″ 6‴ — 34‴ 3.
187) Das berühmte Engelkreuz; nach le Brun. In 2 Blättern. Vor Drevet's Adresse, in prachtvollem Druck. 35″ ,8‴ — 24″ 11‴.
188) Das Vierreitergefecht; nach Leon. da Vinci. 1. vortreffl. Druck vor den Punkten auf der Säbelscheide. 17″ 4‴ — 23″ 5‴.

189) Die Sündfluth; nach Alexander Turchi (Veronese). Der grösste Theil dieses Blattes ist von Johann, Bruder und Schüler Gerhard's. 15" — 19" 11'''.
190) Mariae Verkündigung; nach N. Poussin. 13" 4''' — 17".
191) Die büssende Magdalena entledigt sich ihres Schmuckes (Portrait der Mad. la Valiere); nach le Brun. Alter schöner Druck vor der Retouche. 19" 5''' — 15".
192) Der heil. Carolus Borromäus knieend vor einem Crucifix; nach le Brun. 1. vorzügl. Dr. vor der Retouche. 19" 3''' — 14" 11'''.
193) Maria nähend bei dem schlafenden Jesuskinde; nach Guido Reni. 1. Druck. 14" 3''' — 11" 8'''.
194) Die heil. Familie mit den Engeln; nach Raphael Sanzio. 1. vortreffl. Dr. vor Colbert's Wappen. 15" — 11" 5'''.

Dieses seltene vorzügliche Blatt wird, selbst in nicht gut erhaltenen Drücken, mit hohen Preisen bezahlt. Die zweiten Drücke haben im Fussboden das Wappen Colbert's, in den dritten aufgestochenen ist das Wappen ausgeschliffen, man bemerkt aber in den ergänzten Linien, wo es gewesen.

195) Charles le Brun; nach Largillière. 19" 6''' — 14" 8'''.
196) Julius Paulus de Lionne; nach Franz Jouvenet. Seltner 1. Dr. vor junior. 16" 4''' — 13" 7'''.
197) Charles d'Hozier, Genealogist; nach Rigaud. Vorzüglich. 16" 4''' — 13" 3'''.
198) Mouton, berühmter Lautenspieler; nach de Troy. Vor J. Audran's Adresse. Sehr schön. 16" 4''' — 13" 4'''.
199) Freder. Leonard, Architypographus; nach Rigaud. 16" 6''' — 13" 5'''.
200) Mart. van den Baugart (Desjardins); nach Rigaud. Vorzüglich. 16" 6''' — 13" 3'''.
201) Philippus de Champaigne; nach dem eigenen Bilde. 1. Dr., vorzügl., vor der retouch. Platte, bei welcher links am Gewande ein ausgefahrener Grabstichelstrich. 13" 11''' — 12" 5'''.
202) Petrus de Montarsis; nach Ant. Coypel. Sehr schön. 13" 1''' — 10" 9'''.
203) Nathanael Dilgerus (Prediger in Danzig); der Maler unbekannt. Vorzüglich schön. 11" 10''' — 8" 3'''.

Eichens, Eduard Friedr.,
geb. zu Berlin 1804.

204) Die Anbetung der Könige; nach Raphael Sanzio. 21" im Quadrat.
205) Die Vision des Ezechiel; ebenso. 15" 1''' — 11".

Eichens, Philipp Herrm.,
geb. zu Berlin 1813.

206) Heil. Familie; nach Murillo. Schönes Schwarzkunstblatt. 19" 8''' — 15" 3'''.

Eichler, Matth. Gottfr.,
geb. zu Erlangen 1748, gest. nach 1818.

207) Die Sündfluth; nach Nic. Poussin. Vor der Schr. 9" 9'"
— 13" 5'".

Erhard, Joh. Christ.,
geb. zu Nürnberg 1795, gest. zu Olevano 1822.

208) Landschaft mit Betsäule und Bauer, der den Hut abzieht. 6" -- 7" 10'".
209) Desgleichen mit Frau und Knaben. 6" — 7" 8'". Beides 1. Drücke vor Kettner's Adresse.

Fabri, Alois Ludwig,
geb. zu Rom 1778, gest. daselbst 1835.

210—13) Fortsetzung der von Volpato und Morghen gestochenen Stanzen nach Raphael. a) Der Schwur Leo des III. 19" 9'" — 28" 5'". — b) Die Krönung Karls des Grossen. 19" 8'" — 29'". — c) Die Schenkung Roms. 19" 6'" — 28" 2'". — d) Die Schlacht bei Ostia. 19" 9'" — 27" 11'" Vorzügliche Drücke, d) vor der Schrift.

Felsing, Jacob,
geb. zu Darmstadt 1802.

214) La Madonna del Trono, mit 2 Heiligen; nach Andrea del Sarto. 18" 2'" — 13" 11'".
215) Die heil. Catharina; nach Heinr. Mücke. Treffliches Blatt. 11" 4'" — 15".
216) Die heil. Genoveva; nach Steinbrück. Ausgezeichnet schön. 15" 5'" — 12" 11'".
217) Die Poesie; nach Köhler. Aus dem zweiten Hundert, vorzügl. 15" 3'" — 11" 4'".
218) Die Aussetzung Mosis; nach demselben. Vorzügl. Blatt. 13" 10'" — 18" 11'".
219) Loreley; nach C. Sohn. Sehr schön. 15" 2'" — 11" 6'".

Filhol, Ant. Michael,
geb. zu Paris 1759, gest. daselbst 1812.

220) Die Findung Mosis; nach Nic. Poussin. Mit Niquet gemeinschaftlich, die Figuren von Desnoyers. 13"10'" — 17"7'".

Folo, Johann,
geb. zu Bassano 1764, gest. zu Rom 1836.

221) Der Erzengel Michael besiegt den Satan; nach Guido Reni. 23" 4'" — 16" 4'".
222) Virgo cum puero Jesu; nach Raphael Sanzio. Mit offener Schr. Innen kreisförmig. 12" 3'" — 11" 9'".

Forster, Franz,
geb. zu Locle in der französ. Schweiz 1790.

223) La Vierge au basrelief; nach Leon. da Vinci. Vorzügl. schön. 14" 4''' — 10" 11'''.

Freidhof, Joh. Joseph,
geb. zu Heggem in Westphalen 1768, gest. zu Berlin 1818.

224) Der junge Alexian (Alexander Severus) wird zum Caesar ernannt; nach Lairesse. Schwarzk. 19" 3''' — 29''. Mit offener Schrift, sehr schön.
225) Der Tod des Germanicus; nach N. Poussin. Ebenso. 20" 6''' — 26" 2'''. Vor der Schrift, vorzüglich.
226) Die Grablegung; nach Dominichino. Ebenso. 21" — 17" 4'''.

Frey, Jacob,
geb. zu Luzern 1681, gest. zu Rom 1752.

227) Die letzte Communion des heil. Hieronymus; nach Dominichino. 23" 2''' — 14" 7'''.
228) Das Opfer des Noah; nach N. Poussin. 15" 6''' — 21" 4'''.
229) Der heil. Romuald zeigt seinen Mönchen den Weg zum Himmel; nach Andr. Sacchi. 22" 2''' — 12" 9'''.
230) Der Tod der heil. Anna; nach demselben. 22" 6''' — 13".
231 — 34) Die vier Cardinaltugenden; nach Dominichino. 20" — 15".

Frömmel, Carl,
geb. zu Birkenfeld 1789, Director der Gallerie in Carlsruhe, gest. 1863.

235 — 36) Ponte Lupo und die Sirenengrotte bei Tivoli: nach eigener Zeichnung. 13" 2''' — 10" 11'''.
237) Villa d'Este bei Tivoli; nach eigener Zeichnung. 16" — 21" 6'''.
238) Ariccia bei Rom. Ebenso. Vor der Schrift, beide sehr schön. 16" 1''' — 21" 8'''.

Fruytiers, Philipp,
geb. zu Antwerpen 1625, gest. 1660.

239) Jacob Edelheer; nach Fruytiers selbst. Sehr selten. 17" 1''' — 13" 2'''.

Gandolfi, Mauro,
geb. zu Bologna 1774, gest. daselbst 1834.

240) Judith mit dem Haupte des Holofernes; nach Allori. Schönes Blatt mit unausgef. Schr. 14" 6''' — 10" 6'''.

Caravaglia, Glovita,
geb. zu Pavia 1789 oder 90, gest. zu Florenz 1835.

241) Die Himmelfahrt Mariae, unten die Apostel; nach Guido

Reni. Nach Garavaglia's Tode von Faustino Anderloni vollendet. Vorzügl. Dr. mit 1 Zeile offener Schr. 27" 3'" — 18" 8'".

242) Ruhe in Egypten; nach Raphael Sanzio. Sehr schön. 14" 5'" — 11" 6'".

243) Agar und Ismael in der Wüste; nach Baroccio. 1. Dr. vor den Schreibzügen, vorzügl. 14" 6'" — 10" 6'".

244) David mit dem Haupte des Goliath; nach Guercino. 14" 2'" — 10" 6'".

245) Herodias empfängt das Haupt des Johannes; nach Luini. 9" 9'" — 11" 7'".

Geiger, Andreas,
geb. zu Wien 1765, lebte noch 1835.

246) Antiochus, Stratonice und Erasistratus; nach Füger. Schwarzk. 21" 2'" — 26" 6'".

Gmelin, Wilhelm,
geb. zu Badenweiler im Breisgau 1745, gest. zu Rom 1821.

247) Die Mühle im Palast Doria; nach Claude Lorrain. Vorzügl. Stich und Dr. 19" 1'" — 25".

248) Die Flucht nach Egypten, in Dresden; desgleichen. 16" 8'" — 22" 5'".

249) Rinaldo und Armida; schöne Landschaft nach C. Poussin. Vorzügl. Dr. vor der Schr. 15" 7'" — 22" 3'".

250—51) Das Mare morto und der See von Albano; nach eigener Zeichnung, wie die Folgenden 17" 1'" — 25" 2'".

252) Veduta principale delle grandi e piccole Cascatelle di Tivoli. 16" 2'" — 21" 7'".

253) Veduta reale delle grandi Cascatelle di Tivoli. Vor der Schr., vorzügl. 16" 2'" — 21" 10'".

254) Ansicht der kleinen Cascatellen zu Tivoli, mit dem Landhause des Mäcen 1792. 14" 6'" — 21" 1'".

255) Die Cascatellen zu Tivoli. 1791. 14"5'" — 21".
Sämmtlich sehr schöne Abdrücke.

256) Die Grotte des Neptun zu Tivoli. 1793. 20" 6'" — 14" 6'".

257) Der Wasserfall des Velino bei Terni. 1794. Beide vor der Schrift, besonders schön. 20" 6'" — 14" 6'".

Goltzius, Heinrich,
geb. zu Mühlbrecht 1558, gest. zu Harlem 1617.

258) Der Prophet Jesaias; nach Raphael Sanzio. 10" 9'" — 7" 3'".

Gonaz, Ives le,
geb. zu Brest 1642.

259) La pêche de nuit; Mondlandschaft nach Vernet. 11" 8'" — 16" 8'".

Goudt, Heinrich,
geb. zu Utrecht 1585, gest. daselbst 1630.

260) Tobias mit dem Engel Raphael (der kleine Tobias 1618); nach Elzheimer. 4″ 4‴ — 6″ 11‴.

261) Jupiter und Mercur bei Philemon und Baucis; nach demselben. In altem Dr., sehr schön. 6″ 2‴ — 8″ 3‴.

Green, Valentin,
geb. zu London um 1737, gest. daselbst 1800.

262) Der heil. Stephanus; nach West. Schwarzk. Vor der Unterschr., vorzügl. 33″ 11‴ — 21″ 11‴.

263—64) Der Schwur des Hannibal und die Rückkehr des Regulus; nach West. Schwarzk. Vor der Unterschr. 24″ 2‴ — 33″ 10‴.

265) Daniel vor Belsazar. Vor der Schr., sehr schön. 18″ — 25″ 3‴.

266) Der bethlehemitische Kindermord; nach Hann. Carracci. 17″ 4‴ — 25″.

267) Die Luftpumpe; nach Joseph Wright. Vor der Schr., ausgezeichnet schön. 17″ — 22″ 3‴.

Gunst, Peter van,
geb. zu Amsterdam 1667, gest. um 1730.

268) William Villiers Vicount Graudisson; nach Ant. van Dyck. 17″ 8‴ — 11″ 7‴.

Haldenwang, Christian,
geb. zu Durlach 1770, gest. zu Bad Ripoldsau 1831.

269—70) Das Kloster Mariastein und Wilhelm Tell's Capelle; beide nach Birmann. Aquatinta, sehr schön. 16″ 8‴ — 23″ 10‴.

271) Der Wetterstrahl; nach Philipp Hackert. Aquatinta, schön. 18″ 2‴ — 25″ 1‴.

272—75) Die vier Tageszeiten; nach Claude Lorrain. Vorzügl. Blätter. 15″ 6‴ — 22″.

276) Das Thal von St. Maurice; nach Bacler d'Albe. 14″ 7‴ — 19″ 8‴.

Hanfstaengl, Franz,
geb. zu Bayerurain im bayerischen Hochlande 1804.

277) Die Anbetung der Könige; nach Paul Veronese. Sehr schöne Lithographie, wie die Folgenden. 15″ — 24″ 3‴.

278) Die Hochzeit zu Cana; nach demselben. 13″ 8‴ — 23″ 10‴.

279) Die Kreuztragung; ebenso. 14″ — 23″ 9‴.

280) Der Zinsgroschen; nach Tizian. 11″ 11‴ — 9″ 1‴.

281) Tomiris erhält die Nachricht von einer verlorenen Schlacht

(richtiger Semiramis wird von einem ausgebrochenen Aufstande benachrichtigt); nach Guercino. 13" 4''' — 18" 4'''.
282) Scheherczade, Mährchen erzählend; nach Jacobs. 16" 11''' — 19" 4'''.
283) Der Wildprethändler; nach Metzu. 16" 2''' — 11" 10'''.
284) Die Wildprethändlerin; ebenso. 16" 4''' — 12" 3'''.
285) Die Klavierspielerin; nach Caspar Netscher. Oben rund. 16" — 12" 2'''.
286) Martin Engelbrecht (richtiger Engelbert Baron Taje von Wemmel); nach Ant. van Dyck. 12" 3''' — 9" 5'''.
287) Bildniss eines Unbekannten (David Ryckaert, genannt der Siebenbürger, Director der Academie zu Antwerpen 1651); nach Ant. van Dyck. 13" 5''' — 11" 2'''.

Hann, August,
geb. zu Berlin 1815, lebt daselbst.

288) Der Klosterkirchhof; nach eigenem Gemälde. Sehr schöne Lithogr. in Tondruck. 14" 10''' — 18" 11'''.

Hoffmann, August,
geb. zu Elberfeld 1810.

289) Die Wiedererkennung Joseph's; nach Cornelius. 13" 9''' — 17" 6'''.
290) Die Madonna mit dem heil. Hieronymus und Franciscus (im Museum zu Berlin); nach Raphael Sanzio. Erst kürzlich erschienenes, schön gestochenes Blatt. 13" 7''' — 11".

Hohe, Friedrich,
geb. zu Baireuth 1802.

291) Der Morgen (das Dorf Partenkirchen); nach Peter Hess. Schöne Lithogr. 27" 8''' — 16" 3'''.

Jentzen, Adolph Friedr.,
geb. zu Berlin 1804.

292) Die Findung Mosis; nach Köhler. Schöne Lithographie. 17" — 23" 5'''.
293) Jeremias auf den Trümmern von Jerusalem; nach Bendemann. Ebenso. 12" 4''' — 22" 7'''.

Jesi, Samuel,
geb. zu Mailand um 1789, gest. in Florenz 1853.

294) Benvenuto Cellini; nach Vasari. Sehr schön. 8" 5''' — 6".

Jode, Peter de, (der Vater),
geb. zu Antwerpen 1570, gest. daselbst 1634.

295) Christus übergiebt Petrus die Schlüssel; nach Rubens. 15" 8''' — 12" 1'''.

Keller, Joseph,
geb. zu Linz am Rhein 1811.

296) Regina Coeli, (Madonna mit dem Kinde); nach Deger. Oben rund. Vorzüglich, vor der Schr. 19″ 3‴ — 11″ 10‴.
297) Madonna mit dem Kinde auf Wolken stehend; nach demselben. Sehr schön. 16″ 6‴ — 9″ 8‴.
298) Christus auf Wolken sitzend, mit dem Kreuz; nach Overbeck. Vor der Schr., sehr schön. 10″ 10‴ — 7″ 9‴.
299) Roland befreit die Prinzessin Isabella von Gallizien aus einer Räuberhöhle; nach J. Hübner. 14″ 5‴ — 27″ 10‴.
300) Die klugen und thörichten Jungfrauen; nach Schadow. 8″ — 14″.
301) Christus und die 4 Evangelisten; nach J. Hübner. 13″ 10‴ — 7″ 5‴.
302) Der Tod Kaisers Friedrich II.; nach Lessing. 7″ 10‴ — 9″.
303) Wilhelm v. Schadow, Director der Academie zu Düsseldorf; nach Jul. Hübner. Ohne Hintergrund. 4″.

Hier ist noch der treffliche Stich der Disputa nach Raphael zu erwähnen, welcher sich zwar im Besitz des Verfassers befindet, aber seiner bedeutenden Grösse wegen, 29″ 4‴ — 40″ 8‴ ohne Rand, weder in Mappe noch Rahmen bequem unterzubringen ist. Gegenwärtig sticht der Künstler die Madonna di Sisto in der Gallerie zu Dresden, ebenfalls nach eigener Zeichnung

Kininger, Vincenz Georg,
geb. zu Regensburg 1767, gest. zu Wien nach 1806.

304) Der Tod des Julius Caesar; nach Füger. Schwarzk. Sehr schön. 23″ 5‴ — 33″ 2‴.

Knolle, Joh. Heinr.,
geb. zu Braunschweig 1807.

305) Die heil. Cecilia; nach Carl Dolce. 13″ — 10″ 11‴.

Kobell, Wilhelm v.,
geb. zu Mannheim am 1766, lebte 1833 zu München.

306) Landschaft mit durch's Wasser gehender Heerde; nach Claude Lorrain. Aquatinta. 14″ 3‴ — 18″ 6‴.

Kolbe, Carl Wilh.,
geb. zu Berlin 1757, gest. zu Dessau 1835.

307) Schöne grosse Landschaft mit herrlichen Eichen. Radirt nach eigener Zeichnung, wie die Folgenden. 15″ — 20″.
308) Grosse Kräuterstudie mit Zitherspieler und Mädchen am Brunnen. Vorzügl. Blatt. 15″ — 19″ 9‴.
309) Landschaft mit schönen Eichen und einigen Figuren. 12″ 2‴ — 16″ 2‴.
310) Schöne Landschaft mit Reitern. 12″ 2‴ — 16″ 2‴.
311) Kräuterstudie mit Angler und Mädchen. 12″ 2‴ — 16″ 4‴.
312) Desgleichen mit Schafen. 12″ — 16″ 4‴.

313) Grosse alte Weide, dabei Vieh und Hirt. 12" 4''' — 9" 10'''.
314) Landschaft mit schönen Bäumen, einem Landmann und 2 Kühen. 8" 4''' — 13" 8'''.
315) Landschaft mit schönen Weiden, Bauer und Vieh. 6" 8''' — 10".
316) La promenade sur l'eau; nach Salomon Gessner, wie die Folgenden. 10" 5''' — 15" 5'''.
317) La fête champêtre. 10" 2''' — 15" 6'''.
318) La cabane des pêcheurs. 7" 10''' — 11" 3'''.

Lauwers, Nicolaus,
geb. zu Leuze im Hennegau um 1620, lebte zu Antwerpen

319) Die Anbetung der Könige; nach Rubens. Vor der Retouche, sehr schön. 23" — 17" 1'''.

Lefévre, Achill,
geb. zu Paris 1798.

320) Die heil. Nacht; nach Correggio. Vorzüglich. 17" 11''' — 13" 7'''.
321) Die Madonna mit dem heil. Sebastian; nach demselben. Oben rund. Herrliches Blatt. 18" 2''' — 11" 4'''.

Leroux, Johann Maria,
geb. zu Paris 1788.

322) La Vierge du Musée de Parme; nach Correggio. Sehr schön. 11" — 8" 6'''.

Lignon, Stephan Friedr.,
geb. zu Paris 1781, gest. daselbst 1828.

323) Die heil. Cecilia; nach Dominichino. 12" 8''' — 10" 5'''.
324) Magdalena, Brustbild; nach Guido Reni. 12" 10''' — 10" 6'''.
325) La jeune Soeur hospitalière (Nonne mit Weihkessel). Nach Crespi le Prince und Devéria, gemeinschaftlich mit Fortier und Aubert. Vor der Schr., sehr schön. 17" 11''' — 14" 11'''

Loir, Alexis,
geb. zu Paris 1640, gest. daselbst 1713.

326) Der Engelsturz; nach C. le Brun, in 2 Blättern. 35" 4''' — 26" 6'''.
327) Der todte Christus unter dem Kreuze; nach Jouvenet. 20" 2''' — 15" 5'''.
328) Die Darstellung im Tempel; nach demselben. 20" 4''' — 15" 9'''.

Longhi, Joseph,
geb. zu Monza 1766, gest. zu Mailand 1831.

329) Die Vermählung (Sposalizio); nach Raph. Sanzio. Abdr. mit No. 100. 27" 9''' — 18" 8'''.

Von diesem herrlichen Blatte sind 200 Abdrücke vor der Schr., dann 600 in der Mitte des Fussbodens nummerirt, mit Stahlnummern; hierauf folgen welche ohne diese, dann die retouchirten mit Raphael's Namen und der Jahreszahl am Tempel, mit dem Namen des Druckers Lisart. Folo hat dieses Blatt in gleicher Grösse sehr gut copirt.

330) Heilige Familie (Nunc ego mitto te etc.); nach Raphael Sanzio. 14" 9''' — 11" 5'''.
Die Abdrücke mit einer Zeile unausgefüllter Schr. sind wegen Klarheit den andern vorzuziehen.

331) La Madonna del Lago; nach Leon. da Vinci's Zeichnung von Marco d'Oggione. Rund. 9" 10''' Durchm.
Die Abdrücke mit den italienischen Versen allein haben den Vorzug vor denen mit der Dedication.

332) Die heil. Magdalena; nach Correggio. Vorzüglich. Vor der Retouche auf dünnem Papier. 11" 3''' — 14" 8'''.

333) Die Grablegung; nach Crespi. Sehr schön radirt, wie die beiden Folgenden. 15" 9''' — 11" 8'''.

334) Borgomastro ollandese; nach Rembrandt. 9" 5''' — 7" 3'''.

335) Bildniss eines Mannes mit Buch und Stock; Maler unbekannt. 9" 5''' — 7" 3'''.

336) Michael Angelo Buonarotti. Oval. 4" 7''' — 3" 11'''.

Lorichon, Constantin Ludwig,
geb. zu Paris 1800.

337) Vierge du Palais Bridgewater (früher in der Gallerie Orleans); nach Raphael Sanzio. Vor der Schr., sehr schön. 13" 3''' — 9" 10'''.

338) Die Madonna aus dem Palast Pitti (del Granduca); nach demselben. Vorzüglich, und dem von Morghen vorzuziehen. 11" 3''' — 8" 8'''.

Lady, Friedr. August,
geb. zu Elberfeld 1824.

339) Der Knabe Jesus auf einem Lamme, geführt von Johannes, umgeben von schwebenden Engeln; nach Mintrop. 7" 7''' — 15" 9'''.

Mandel, Eduard,
geb zu Berlin 1809.

340) Madonna aus dem Palast Colonna, jetzt im Museum zu Berlin; nach Raphael Sanzio. Sehr schön, wie die Folgenden. 10" 9''' — 7" 11'''.

341) Carl I., König von England; nach Ant. van Dyck. 14" 2''' — 11".

342) Anton van Dyck; nach dem eigenen Bilde. 11" 9''' — 9" 5'''.
343) Friedr. Wilhelm Bessel, berühmter Astronom in Königsberg; nach Joh. Wolf. 9" 7''' — 7" 11'''.

Mariette, Johann,
geb. zu Paris um 1660, gest. daselbst 1742.

344) Christus wird nach der Versuchung von Engeln bedient; nach le Brun. 20" 10" — 15" 2'''.

Marri, Joseph,
geb. zu Mailand um 1798, Schüler von Longhi.

345) Heilige Familie (genannt die Perle); nach Raphael Sanzio. 14" 9''' — 11" 5'''.

Ein früherer, jetzt seltener Stich des reizenden Kopfes der Madonna in der Grösse des Originals und in Kreidemanier nach einer Durchzeichnung zeigt, wie wenig Marri dieses erreicht hat, und eben so wenig ist der des Kindes genügend; jedoch giebt das sonst gut gestochene Blatt von der herrlichen Composition und Zeichnung einen deutlichen Begriff. Und auch der bessere Stich von le Comte kommt dem Charakter jener beiden Köpfe noch lange nicht bei.

346) Johannes als Knabe in der Wüste; nach Hannibal Carracci. Sehr schön, vollendet von Longhi. 8" 9''' — 11" 4'''.

Martinet, Achill Louis,
geb. zu Paris 1806.

347) Le sommeil de Jesus (Maria mit dem schlafenden Kinde und Johannes); nach Raphael Sanzio. Vorzügl. Blatt. 17" 1''' — 13" 10'''.

Massard, Raphael Urban
geb. zu Paris 1775, gest. nach 1824.

348) Die heil. Cecilia mit Paulus, Johannes, Augustinus, und Magdalena; nach Raphael Sanzio. Trefflicher Stich und Druck ohne Retouche. Auch von Lefévre sehr schön gestochen. 19" 10''' — 12" 7'''.

Masson, Anton,
geb. zu Loury bei Orleans 1636, gest. zu Paris 1700.

349) Ludwig XIV., Brustbild in Lebensgrösse; nach le Brun. In Oval. 19" 2''' — 15" 2'''.
350) Henricus de la Tour d'Auvergne, Prince et Comte de Turenne. Brustbild in Lebensgrösse, nach eigener Zeichnung. Vortrefflich und sehr selten. 19" — 16".
351) Guillaume de Brisacier; nach Mignard. Vorzüglich. 13" 3''' — 10" 1'''.
352) Emanuel Theodor de la Tour d'Auvergne Duc d'Albret; nach Mignard. Ebenso vortrefflich als selten. 13" 3''' — 10" 1'''

353) Marin. Curaeus (Curcau); nach Mignard. Trefflicher Dr. vor der Kreuzschraffirung in der Wange. 10" 4''' — 8" 6'''.
354) Carl Patin; nach Masson's eigener Zeichnung. Vor dem Stutzbart. Sehr schön. 9" 10''' — 7" 4'''.

Mathieu, Johann,
geb. zu Paris 1749, gest. zu Fontainebleau 1815.

355) Vue d'une partie du lac de Trasimène; nach C. Poussin. Sehr schön. 14" 3''' — 19".

Morghen, Raphael,
geb. zu Portici bei Neapel 1758, gest. zu Florenz 1833.

356) Die Verklärung Christi auf dem Berge Tabor; nach Raphael Sanzio. Abdruck der Platte mit der Jahrszahl 1811. 27" 6''' — 18" 9'''.

Eine früher vom Künstler angefangene Platte liess derselbe wegen Augenkrankheit von seinem Bruder Anton rollenden, aber diese steht, namentlich in den Köpfen, der obigen von Raph. M. allein gestochenen nach, von welcher er die ersten 600 Subscriptionsdrücke mit Schrift eigenhändig mit der Zahl und seinem Namen versah. Jodoch ist mir ein vorzüglicher Druck ohne diese Bezeichnung bekannt, der vielleicht vom Drucker unterschlagen wurde. — Das so äusserst zart gestochene Abendmahl, welches in schönen Drücken vor dem Komma hinter vobis einen sehr hohen Preis hat, wird hier, obgleich im Besitz des Verfassers, darum nur erwähnt, weil es von Wagner's Stiche hinsichtlich der festen sicheren Zeichnung der Köpfe und Hände unbedingt übertroffen wird. Unter den vielen Copien des Morghen'schen Blattes ist dann die von Folo in gleicher Grösse die treueste und beste.

357) Die Messe zu Bolsena; nach Raphael Sanzio. Gehört wie das Folgende zu den von Volpato herausgegebenen Stanzen. Vorzüglich. 19" 9''' — 28".
358) Die Cardinaltugenden (Jurisprudenz); ebenso. Ganz vorzügl. Dr. 14" 7''' — 28".
359—62) Die vier Facultäten, a) Theologie, b) Poesie, c) Philosophie, d) Jurisprudenz; nach Raphael Sanzio. In alten Drücken. Gehören ebenfalls zu den Stanzen. 13" 8''' im Quadrat, umschliessend die Kreisform.
363) Die Aurora aus dem Palast Rospigliosi; nach Guido Reni. Vorzüglich. 16" 10''' — 34" 11'''.
364) Diana mit ihren Nymphen; nach Dominichino. Alter Druck. Sehr schön. 17" 5''' — 28".
365) Madonna del Sacco; nach Andrea del Sarto. 1. Dr. vor den Schreibzügen in der Unterschrift. 14" 8''' — 28".

Ist auch von Bartolozzi in kleinerem Format sehr gut gestochen, der Kopf der Madonna dem von Morghen vorzuziehen.

366) Johannes predigt in der Wüste; nach Guido Reni. 17" 4''' — 12" 11'''.
367) Christus erscheint der Magdalena als Gärtner; nach Baroccio. Sehr schönes Blatt. 18" 1''' — 12" 7'''.

368) Ruhe in Egypten; nach N. Poussin. Sehr schön in trefflichem Druck. 17″ 6‴ — 22″ 5‴.

369) Tanz der Jahreszeiten; nach demselben. Ebenso. 17″ 6‴ — 22″ 3‴.

370) Madonna della Sedia; nach Raph. Sanzio. Herrl. Druck mit Pagni et Bardi. 12″ 4‴ im Quadrat, welches die Kreisform umschliesst.

<small>Die Drücke mit Bottelini sind auch noch schön, die von Nic. d'Antoni aufgestochen. Unter den vielen bis jetzt erschienenen Stichen dieses Bildes behauptet der von Morghen in ersten Drücken immer noch den Vorzug. Gegenwärtig wird dasselbe von Mandel gestochen und es lässt sich hier etwas Vorzügliches erwarten.</small>

371) Die Madonna mit dem Stieglitz; nach Raph. Sanzio. 14″ 3‴ — 10″ 9‴.

372) Die büssende Magdalena; nach Murillo. 14″ 4‴ — 10″ 10‴.

373) Christus die Wundenmale zeigend; nach Carl Dolce. Vorzügl. schön. 6″ 1‴ — 5″.

374) Angeblich Raphael Sanzio; nach dem von ihm gemalten Bilde in München. 9″ 8‴ — 7″ 5‴.

<small>Es ist jetzt unzweifelhaft, dass dieses Portrait nicht Raphael selbst darstellt, sondern seinen Freund Bindo Altoviti.</small>

375) La Fornarina; nach Raph. Sanzio. Vorzüglicher Stich und Druck wie das Vorige. 9″ 7‴ — 7″ 5‴.

<small>Auch dieses Bild ist nicht die, übrigens ganz fabelhafte sogenannte Fornarina, sondern nach Passavant's gründlichen Forschungen die berühmte Improvisatrice Beatrix Pio aus Ferrara. Raphael's Geliebte, welche von ihm in seinem Testamente bedacht wurde, deren Bild sich in Florenz befindet und das einzige ihm bestimmt nachzuweisende Modell zu einer Madonna und zwar zu der di S. Sisto ist, hiess Margarita. Ueber ihre Herkunft u. s. w. war nichts weiter zu ermitteln.</small>

376) Leonardo da Vinci; nach dem eigenen Bilde. Vorzügl. in Stich und Druck. 9″ 4‴ — 7″ 4‴.

377) Lorenzo de Medici; nach Vasari. Sehr schön. 8″ 5‴ — 6″ 4‴.

378) Ludovico Ariosto; nach Ermini's Zeichnung. Ebenso. 8″ 5‴ — 6″ 3‴.

379) Johann Volpato; nach Angelica Kauffmann. Trefflicher Stich und Druck. 7″ 10‴ — 5″ 11‴.

Morghen, Wilhelm,
<small>Bruder des Obigen, geb. wahrscheinlich zu Neapel.</small>

380) Herminia kommt zu den Hirten (aus Tasso's befreitem Jerusalem); nach Guercino. Seltenes schönes Blatt. 17″ 1‴ — 21″ 1‴.

Müller, Friedr. Wilh.,
geb. zu Stuttgart 1782, gest. auf dem Sonnenstein bei Pirna 1816.

381) Madonna di S. Sisto; nach Raph. Sanzio. Sehr schöner Subscriptionsdruck. 25″ — 19″ 1‴.
382) Johannes der Evangelist; nach Dominichino. Alter Dr. mit 1808. 12″ 10‴ — 10″ 6‴.
Der Verfasser besitzt dieses Blatt in ganz vorzügl. Druck aus Müller's eigener Hand.
383) Adam und Eva; aus Raphael's Stanzen. 1. Druck vor Frauenholz' Adresse. 11″ 10‴ — 10″ 3‴.
Der brillantere Stich dieses Bildes von Richomme steht dem von Müller in der Richtigkeit der Zeichnung nach.

Müller, Joh. Gotthard von (Vater des Vorigen),
geb. zu Bernhausen im Würtembergischen 1747, gest. zu Stuttgart 1830.

384) Ludwig XVI. in ganzer Figur; nach Duplessis. 1. vortr. Druck, ohne Namen des Malers und „Louis seize" nur angedeutet. 26″ 4‴ — 19″ 4‴.
385) Louise Elisabeth Vigée le Brun; nach dem eigenen Bilde. Sehr schön und selten. 15″ 11‴ — 11‴.
386) Anton Graff; nach dem eigenen Bilde. Vor der Schr., sehr schön. 13″ — 9″ 6‴.
387) a) Louis Galloche; nach Tocqué. b) Louis Leramberg; nach Belle. 13″ 2‴ — 9″ 1‴.
388) August Gottlieb Spangenberg; nach Graff. 10″ — 8″ 2‴.
389) Moses Mendelssohn; nach Frisch. 10″ 2‴ — 7″ 2‴.

Mützel, Heinrich,
geb. zu Brieg in Schlesien 1797, lebte von 1829 bis 61 in Berlin, jetzt in Gnadenfeld, Oberschlesien.

390) Die Schleichhändler; nach Lessing. Sehr schöne Lithographie. 12″ 1‴ — 19‴.

Nanteuil, Robert,
geb. zu Rheims 1630, gest. zu Paris 1678.

391) Ludwig XIV. in jüngern Jahren; nach eigener Zeichnung, wie die Folgenden. Vorzüglich. 18″ 11‴ — 16‴.
392) J. B. Colbert. Regi a Sanct. Consiliis etc. 18″ 2‴ — 15‴.
393) Charles Dally Duc do Chaulnes etc. 19″ 5‴ — 16″ 4‴.
394) Michael Amelot Archiepiscopus Turonensis. Lebensgross, wie die Vorigen. Ausgezeichnet schön. 19″ 6‴ — 16″ 4‴.
395) Henry Vicomte de Turenne; nach Champaigne. Vor der Schrift am Piedestal und vor der Jahreszahl. Vortrefflich. 14″ 6‴ — 10″ 10‴.
396) Mazarin; nach Nanteuil's Zeichnung. Vor der Umschrift. Sehr schön. 11″ 8‴ — 9″ 3‴.
397) Joh. Bapt. Colbert, Regi ab int. consil.; nach Champaigne. Vorzüglich. 12″ 5‴ — 9″ 7‴.

398) Nicolaus Fouquet; nach Nanteuil's Zeichnung. Sehr schön. 12" 4''' — 9" 5'''.
399) Petrus Deslandes; ebenso. 12" 4''' — 9" 6'''.
400) François de Nemonds; ebenso. 12" 4''' — 9" 8'''.
401) Petrus Bouchu; ebenso. Vorzüglich. 12" 6''' — 9" 10'''.
402) J. B. van Steenberghen; nach Duchastel. Ebenso.
1. Druck ohne Vornamen des Malers. 12" 3''' — 9" 3'''.
Ein sehr geschätztes aber theures Blatt von Nanteuil ist auch Pomponne de Bellièvre nach le Brun; 11" 10''' — 9'''; (Nach Heller) ebenfalls sehr schön der Marquis de Castelnau, nach Nanteuil's Zeichnung, 10" 7''' — 7" 1'''.

Natalis, Michael,
geb. zu Lüttich 1609, gest. um 1680.

403) Paulus in den Himmel verzückt; nach N. Poussin. 15" 6''' — 11" 9'''.

Noel, Leon,
geb. zu Paris 1807.

404) Die Engel den Hirten erscheinend; nach Heinr. Mücke. Schöne Lithographie. 17" 3''' — 20" 6'''.

Peak, Jacob,
geb. in England um 1729, gest. zu London um 1782.

405) Morning, Landschaft mit musicirenden Hirten; nach Claude Lorrain. 16" 5''' — 22" 2'''.
406) Mercur und Battus in einer schönen Landschaft; nach demselben. 16" — 22" 1'''.

Perfetti, Anton,
geb. zu Florenz um 1790.

407) Sibilla Samia; nach Guercino. Sehr schön. 13" 11''' — 10" 8'''.
408) La Bella di Tiziano; nach Tizian. Vortrefflich. 13" 9''' — 10" 6'''.

Pether, Wilhelm,
geb. zu Carlisle in England 1731, gest. zu London 1795.

409) François du Quesnoy (Fiamingo); nach le Brun, Schwarzk. Vor der Schr., sehr schön. 17" 5''' — 13" 6'''.
410) Master Asthon (als Knabe mit einem Hunde); nach Jos. Wright, ebens. 17" 8''' — 13" 5'''.

Pichler, Johann,
geb. zu Botzen in Tyrol 1765, gest. zu Wien 1806.

411) Die büssende Magdalena; nach Battoni. Schwarzk. Vorzüglich. 20" 2''' — 31" 4'''.

Piringer, Benedict,
geb. zu Wien 1780, gest. zu Paris 1826.

412—13) Morgenlandschaft mit Vieh, — Abendlandschaft mit untergehender Sonne; nach Claude Lorrain. Aquatinta, wie die Folgenden. 14" 6''' — 20".

414—15) Der Schiffbruch, — Die ruhige See bei Mondschein; nach Noel. Vor der Schr., vorzüglich. 17" 7''' — 26" 4'''.

416) Mondnacht; nach Voith. In vorzügl. Abdr. vor der Schr., ein herrliches Blatt. 18" 5''' — 24" 11'''.

417) Abendlandschaft; nach Molitor. 18" 5''' — 24" 9'''.

418—19) L'Aube du Jour, — Claire de Lune; nach Molitor. 14" 5''' — 19" 5'''.

420—21) Der Morgen, — Der Abend; nach Piringer's eigener Zeichnung. 14" 6''' — 20".

422) Vue du Chateau dans les Environs de Lyon; nach Boissieux. 11" 6''' — 16" 2'''.

423) Vue pres a la Cava. Environs de Naples; nach van der Burcht. 11" 4''' — 16" 4'''.

Poilly, Franz de (der Aeltere),
geb. zu Abbeville 1622, gest. zu Paris 1693.

424) Die Anbetung der Hirten; nach Mignard. Schön und selten. 17" 3''' — 23".

425) Der heil. Carolus Borromäus reicht den Pestkranken das Abendmahl; nach demselben. 1. Dr. vor dem Namen des Künstlers im Fussboden. 23" 4''' — 17" 2'''.

426) Die Anbetung der Hirten; nach Guido Roni. Sehr schön. Vor der Retouche. 15" 4''' im Quadr.

427) Johannes auf Pathmos; nach le Brun. Sehr schöner 1. Dr. vor dem Wappen. 15" 5''' — 12" 4'''.

Pontius, Paul,
geb. zu Antworpen 1596 oder 1600; gest. nach 1653.

428) Tomyris lässt das Haupt des Cyrus in Blut tauchen; nach Rubens, wie die Folgenden. 1. Dr. vor van der Merlens Adresse. 15" 4''' — 22" 6'''.

429) Die Himmelfahrt Mariä; oben rund. Vortrefflicher Stich und Druck. 24" 2''' — 16" 7'''.

430) Maria mit dem Kinde und mehreren Heiligen an einer Laube. (Rubens' Epitaphium.) 19" 10''' — 16" 4'''.

431) Der heil. Rochus, Patron in der Pest; oben rund. Vorzügliches Bl. 20" 2''' — 13" 9'''.

432) Gaspar Gusmann Olivarez. (Das Portrait ist von Velasquez, die Beiwerke von Rubens.) 1. Dr. vor Verlängerung des Bartes. Sehr schön. 23" 9''' — 16" 7'''.

433) Frider. Henricus Comes Nassaviae; nach van Dyck, wie die Folgenden. Vorzüglich. 18" 6''' — 13" 1'''.
434) Henricus Comes van den Berghe, 1. vortrefflicher Dr vor Bonenfant's Adresse. 12" 11''' — 11'''.
435) Paul Pontius. 1: schöner Dr. vor van den Enden. 8" 6''' — 7".
436) Cornelius van der Geest. Sehr schön. 8" 6''' — 6" 8'''.
437) Thomas Princ. a Sabaudiae (Savoyen). Ganz vorzüglich. 8" 2''' — 7".

Porporati, Carl Anton,
geb. zu Jalvera bei Turin 1741, gest. zu Turin 1816.

438) Agar renvoyée par Abraham; nach Phil. van Dyck. Sehr schön. 19" 3''' — 15" 5'''. Wird wohl auch von der Werf zugeschrieben.
439) Susanna im Bade; nach Sauterre. 17" 6''' — 14" 7'''.

Rahl, Carl Heinr.,
geb. zu Hofen bei Heidelberg 1779, lebte lange in Wien und starb zu Florenz 1843.

440) Die Darstellung im Tempel; nach Bartolomeo di S. Marco (Baccio della Porta). Vortrefflicher Druck aus dem ersten Hundert. 24" 11" — 19" 1'''.
441) Sehr schöne Landschaft mit Wasserfall und Fischern; nach Millet. 15" 8''' — 18" 11'''.
442) Italienische Landschaft mit alten Gebäuden und Figuren; nach C. Poussin. 19" — 15" 5'''.

Rahl, Carl,
Sohn des Vorigen; geb. zu Wien 1812, gest. vor Kurzem.

443) Die heil. Margaretha; nach Raphael Sanzio. Vortrefflicher 1. Druck ohne Dedication. 12" 5''' — 8" 1'''.

Raimondi, Marc Anton,
geb. zu Bologna wahrsch. schon 1475, nach Andern 1486 oder 88, gest. daselbst 1530 oder 34.

444) Maria Magdalena wird zu Jesu von dessen Mutter in den Tempel geführt, nach Raphael Sanzio, wie die Folgenden. 8" 9''' — 13" 1.
445) Der sogenannte Helenenraub. 11" 3''' — 16".
446) Das Urtheil des Paris; treffliche täuschende Copie von Marco da Ravenna (Ravignano, Marco Dente, geb. zu Ravenna in der zweiten Hälfte des 15. Jahrh., gest. zu Rom 1527). 11" 1''' — 16" 6'''.
447) Die Madonna di Foligno (ohne die übrigen Figuren); sehr schöne und treue Copie angeblich von Jos. Keller. 9" 2''' — 6" 4'''.

Rainaldi, Franz,
geb. zu Rom 1770, starb 1806.

448) Die Entführung der Europa; nach Paul Veronese. Sehr schön. 18" 2''' — 22" 6'''.

Reindel, Albrecht,
geb. zu Nürnberg 1784, gest. daselbst 1853.

449) Die Apostel Johannes, Petrus, Marcus und Paulus; nach Albrecht Dürer. Sehr schöner I. Druck mit der falschen Capitelzahl unter Johannes, XII statt V. Auf 2 schmalen Platten, jede 17" — 7" 3''' wie gewöhnlich auf ein Blatt gedruckt.
450) Kaiser Carl der Grosse; nach demselben. Vorzüglich. 17" — 9" 4'''.
451) Les bergers d'Arcadie; nach N. Poussin (von Mathieu angefangen). 10" 4''' — 13" 3'''.
452) Waldlandschaft mit Pan, die Flöte blasend. 7" 4''' — 10" 4'''.

Reinhart, Joh. Christian,
geb. zu Hof 1761, gest. zu Rom 1847.

453) Die Mühle im Walde, grosse Landschaft mit prächtigen Eichen, nach eigener Zeichnung, radirt wie die Folgenden. Vorzüglich schön in so herrlichem Druck. 15" 11''' — 21" 8'''.
454) Schöne Landschaft mit antiken Gebäuden und Figuren. 9" 9''' — 12" 11'''.
455) Wilde Gegend mit der Versuchung Christi. 9" 9''' — 13".
456-57) Castello Gandolfo — In Villa Borghese. 9" 6''' — 13" 8'''.
458-59) A Civita Castellana — A Subiaco. 13" 3''' — 10" 2'''.

Reyher, Rob. Heinr. Joseph,
geb. zu Berlin 1838, Schüler von Mandel.

460) Raphael Sanzio; nach dem eigenen Bilde in Florenz. Sehr schön. Ohne Hintergrund. Höhe des Brustbildes 5" 4'''.

Richomme, Joseph Theodor,
geb. zu Paris 1785.

461) Triomphe de Galatée; nach Raphael Sanzio. In vorzüglichem Druck mit Stempel. 18" 6''' — 14" 5'''.

Roden, Wilhelm, J.,
vermuthlich in London.

462) Peter Paul Rubens; nach dem eigenen Bilde. Besonders schön. 11" 8''' — 9" 3'''.

Roullet, Joh. Ludwig,
geb. zu Arles 1645, gest. zu Paris 1699.

463) Der Leichnam Christi im Schoosse der Maria, umgeben von den heiligen Frauen; nach Hannibal Carracci. 21" 6'" — 25" 3'".
464) Die heiligen Frauen am Grabe Christi; nach demselben. Sehr schöner früher Druck mit Raillard's Adresse. 14" 9'" — 18" 9'".

Ryland, Wilhelm Wynne,
geb. zu London 1729 oder 32, musste daselbst 1783 durch eigene Schuld sein Leben enden.

465) Zusammenkunft Edgars und Elfriedens nach ihrer Verheirathung mit Athelwold; nach Angelica Kauffmann. (Nach Ryland's Tode von Sharp vollendet.) 16" 5'" — 22" 11'".
466) König Johann bestätigt die Magna Charta; nach Mortimer. (Von Bartolozzi vollendet.) Punktirt. Mit Nadelschr. 16" 4'" — 23" 1'".
467) Telemach zu Sparta bei Menelaos; nach Angel. Kauffmann. Punktirt. 9" 9'" — 12" 6'".

Schenker, Nicolaus,
geb. zu Genf um 1760; gest. zu Paris nach 1822.

468) La Madonne de Foligno; nach Raphael Sanzio. 23" 8'" — 26" 6'".

Schiavoni, Natalis,
geb. zu Chiozza 1777, lebte noch 1845.

469) Die Himmelfahrt Mariä, unten die Apostel; nach Tizian's berühmtem Bilde zu Venedig. Oben rund. Sehr schöner Subscr.-Druck. 30" 8'" — 17".

Schletterbeck, Christian Jacob,
geb. zu Härtingen in der Schweiz 1777, gest. zu Wien 1819.

470) Der Morgen, nach Joh. Both. Aquatinta. In vorzüglichem Abdruck vor der Schrift; ein prachtvolles Blatt. 17" 1'" — 23" 11'".

Schmidt, Georg Friedrich,
geb. zu Berlin 1712, gest. daselbst 1775.

471) Pierre Mignard; nach Rigaud. 1. vortrefflicher Dr. vor dem Stern im Unterrande. 18" 9'" — 13" 3'".
472) Der grosse de la Tour (der lachende Maler), nach dem eigenen Bilde. 17" 4'" — 12" 8'".
473) Cyrillus Comes de Rasumowski; nach Tocqué. 1. vorzüglicher Druck vor veränderter Unterschrift. 16" 4'" — 12" 8'".

474) Louis de la Tour d'Auvergne Comte d'Evreux; nach Rigaud. Vorzüglich schön. 16" 3''' — 12" 8'''.
475) Carolus Archiepiscopus Dux Cameracensis; ebenso. 19" 1''' — 13" 11'''.
476) Samuel Liber Baro de Cocceji; nach Pesne. Sehr schön. 13" 10''' — 9" 10'''.
477) Friedrich Wilhelm Bork, Preuss. Kriegsminister; ebenso. 16" 4''' — 12" 4'''.
478) Anton Pesne; nach dem eigenen Bilde. Vorzügl. Druck. 12" 4''' — 9" 10'''.
479) Die Darstellung im Tempel; nach Dietrich. Radirt, wie die Folgenden. In vorzüglichem Druck. 8" 3''' — 10" 7'''.
480) Christus erweckt des Jairi Töchterlein; nach Rembrandt. 8" 3''' — 10" 3'''.
481) Die Judenbraut; nach demselben. Sehr schön. 8" 4''' — 6" 8'''.
482) Dinglinger, berühmter Juwelier in Dresden; nach Pesne. Ebenso. 5" 4''' — 4".

Schön, (Schongauer), Martin,
geb. zu Culmbach, nach Andern vielleicht zu Ulm um 1420 oder 30, gest. zu Colmar 1486 oder 88.

483) Die Versuchung (der Traum) des heil. Antonius. 11" 8''' — 10" 7'''.

Dieses merkwürdige Blatt, welches Michael Angelo werth hielt, es selbst zu copiren, ist äusserst selten. Hier ist es eine seltene ebenfalls gute Copie in gleicher Grösse, von einem späteren unbekannten Künstler, auf welcher links in der unteren Ecke das Monogramm Dürer's fälschlich angebracht ist und rechts ein unbekanntes Monogramm mit der Jahrzahl 1530.

Schuppen, Peter van,
geb. zu Antwerpen 1623 oder 28, gestorben zu Paris 1702.

484) Max. Henricus Archiepiscopus Coloniae; nach eigener Zeichnung. Vortrefflich. 17" 2''' — 14" 10'''.

Scorodomoff, Georg,
geb. zu Petersburg um 1748, arbeitete lange zu London, gest. zu Petersburg 1792.

485) Diana und Actäon; nach Carlo Maratti. Punktirt. 23" 5''' — 17" 9'''.

Sharp, Wilhelm,
geb. zu London 1746, gest. daselbst 1824.

486) Die Kirchenväter, oben Maria und mehrere Engel; nach Guido Reni. Erster ganz vorzüglicher Druck mit 1785. 22" 2''' — 11" 11'''.

Simonneau, Carl,
geb. zu Orleans 1639, gest. zu Paris 1706.

487) Christus und die Samariterin am Brunnen nebst mehreren

Aposteln; nach Hannibal Carracci. Sehr schönes seltenes Grabstichelblatt. Prächtiger Dr. 21" 8''' — 27" 3'''.

Simonneau, Ludwig,
Bruder des Vorigen, geb. wahrscheinlich zu Orleans 1656, gest. zu Paris 1728.

488) Die Himmelfahrt Mariae; nach le Brun. Plafond in St. Sulpice zu Paris. In 2 Blättern. Vor der Schrift, vorzügl. Druck. 36" 16''' — 18" 10'''.

489) Aurora und die Tageszeiten; nach le Brun. Plafond im Schlosse zu Seaux. In 4 Blättern. Kreisrund. 31" 6''' Durchm.

Smith, Samuel,
geb. zu London um 1745, gest. daselbst um 1808.

490) Die Findung Mosis; sehr schöne Landschaft nach Zuccarelli. Vor der Schr., vorzüglich. 19" 6''' — 28" 9'''.

Sayers (Saeyers), Heinrich,
geb. zu Antwerpen um 1612 oder 16, Todesjahr unbekannt.

491) Maria mit dem Kinde auf einer Erhöhung, umgeben von vielen Heiligen; nach Rubens. 1. Druck vor den späteren Ueberarbeitungen an dem Gewande des heil. Laurentius, Kreuzschraff. an der Mitra des heil. Augustinus etc. 25" 4''' — 17" 9'''.

Der Verfasser hat einen allzu schwarzen Abdruck mit den Ueberarbeitungen gesehen, in welchem die Hand der einen Heiligen ohne Ausführung, also zugelegt, vermuthlich um solche Drücke betrügerisch als seltene erste zu bezeichnen.

Stang, Rudolph,
geb. zu Düsseldorf 1828.

492) Mariae Verkündigung; nach Deger. Vorzügliches Blatt. 21" 10''' — 13" 11'''.

493) Maria mit dem Kinde, (Kniestück); nach demselben. 11" 7''' — 8" 6'''.

Stella, Claudia,
geb. zu Lyon 1634, gest. zu Paris 1697.

494) Christus am Kreuze zwischen den Schächern, rechts Maria, Johannes etc., links würfeln Soldaten um Christi Kleider; nach Poussin, wie die Folgenden, und in vorzüglichem Druck. 21" 4''' — 30'''.

495) Petrus und Johannes heilen den Lahmen. 19" 3''' — 25" 9'''.

496) Die Aussetzung Mosis; in 2 Blättern. 20" 10''' — 28" 6'''.

497) Moses schlägt Wasser aus dem Felsen; schönes Grabstichelblatt. 19" 2''' — 29".

Stölzel, Christian Ernst,
geb. zu Dresden 1792, gest. daselbst 1837.

498) Coronatio S. Mariae Virginis; nach Raphael Sanzio; oben rund. 20" — 12" 2'''.

Strange, Robert,
geb. zu Pomona auf einer der orcadischen Inseln 1723, gest. zu London 1792.

499) Die Verkündigung; nach Guido Reni. Vorzüglicher Druck, wie die Folgenden. 22" 2''' — 16" 4'''.
500) Maria mit dem Kinde, Magdalena und Hieronymus (der Tag); nach Correggio. 17" 4''' — 12" 11'''.
501) Die Vertreibung der Agar; nach Guercino. 13" 4''' — 17" 8'''.
502) Die heilige Agnes; nach Dominichino. 17" 4''' — 12" 5'''.
503) Belisar; nach Salvator Rosa. 17" 4''' — 12" 6'''.
504) Cupido dormiens; nach Guido Reni. 17" 2''' — 15" 7'''.
505) Carl I. König von England, im Krönungsornate; nach van Dyck. 18" 6''' — 13'''.
506) Derselbe mit seinem Stallmeister Graf Hamilton in einer Landschaft; nach van Dyck. 22" 2''' — 17" 4'''.

Anm. Es mögen noch angeführt werden, wegen der besondern Weichheit der Carnation unbekleideter Figuren: Venus und Danae nach Tizian, sowie Venus von den Grazien geschmückt, nach Guido Reni. Letztere 17" 6''' — 13" 9'''.

Strixner, Johann Nepom.,
geb. zu Altötting in Bayern 1782, gest. zu München 1855.

507) Der heilige Christoph; nach Hemling (Memling). Sehr schöne Lithographie. 23" 4''' — 10" 2'''.
508) Die Verkündigung; nach Joh. van Eyck; eben so. 21" 5''' — 11" 4'''.

Suyderhoef, Jonas,
geb. zu Leyden um 1613, gest. nach 1669.

509) Die Löwen- und Tigerjagd; nach Rubens. Vorzüglich. 16" 6''' — 21" 8'''.

Swanevelt, Herman van
geb. zu Woerden 1620, gest. zu Rom 1690.

510) Landschaft mit der Ruhe in Egypten. Schöne Originalradirung. 7" 8''' — 10" 4'''.

Tempeltei, Julius,
geb. zu Berlin 1802, lebt daselbst.

511) Winterlandschaft nach Koekoek. Sehr schöne Lithographie. 12" 11''' — 17.

Thaeter, Julius Caesar,
geb. zu Dresden 1804.

512) Die Mailänder gedemüthigt durch Friedrich Barbarossa; nach Heinrich Mücke. 8" 11''' — 11" 7'''.

Thomassin, Heinrich Simon,
geb. zu Paris 1668, gest. daselbst 1741.

513) Das Magnificat (Besuch Mariae bei Elisabeth); nach Jouvenet. 19" 7'" — 18" 3'".

Toschi, Paul,
geb. zu Parma 1788, gest. daselbst 1754.

514) Die Kreuztragung; nach Raphael Sanzio. Die ersten vorzüglichsten Drucke, sowie dieser, blos mit: Lo Spasimo in Nadelschrift. 27" 1'" — 18" 7'".

Anm. Als Seitenstück stach der Künstler die Kreuzabnahme nach Daniel da Volterra ebenfalls sehr schön. Noch sei hier erwähnt (obgleich nicht im Besitz des Verfassers) Der Einzug Heinrich IV. in Paris; nach Gerard; ein vorzügliches Blatt. 18" 6'" — 34" 6'".

Vermeulen, Cornelius,
geb. zu Antwerpen 1644, gest. daselbst 1702.

515) Nicolaus van der Borcht; nach Ant. van Dyck. Sehr schön. 19" — 13" 4'".

Visscher, Cornelius,
geb. wahrscheinlich zu Harlem oder Amsterdam um 1610, gest. 1670.

516) Gellius de Bouma; nach eigener Zeichnung. Schöner Druck noch mit der Zahl 1656 und vor der spätern Adresse von J. Covens. 13" 4'" — 11".

517) Petrus Scriverius; nach P. Soutman. Schöner erster Druck vor der Schramme auf der Wange. 15" — 11".

Vivares, Franz,
geb. zu Ladeve bei Montpellier am 1710, gest. zu London 1782.

518—19) Landschaft mit der Mühle aus dem Palast Pamphili — Das grosse Opfer zu Delos; beide nach Claude Lorrain. 17" 1'" — 22" 6'".

520) Landschaft mit durchs Wasser gehender Heerde; nach demselben. 14" 10'" — 19'".

521) Ansicht von Tivoli; nach Caspar Poussin. 14" 4'" — 18" 4'".

522) Landschaft mit schöner Tempelruine; nach Patel. 14" 10'" — 19" 1'".

523) Desgleichen und mit einer weiblichen Figur links; ebenso. 14" 8'" — 19".

524) Landschaft mit Brücken, Ruinen und weiter Ferne; nach demselben. 14" 8'" — 18" 11'".

525) Gesperrte Landschaft mit Ruinen und Angler; ebenso. 14" 10'" — 18" 9'".

526—27) Landschaft mit altem Thurme, 14" 9'" — 18" 7'" — Landschaft mit Schiffen, 14" 10'" — 18" 5'". Beide nach Jos. Vernet. Vor der Schrift.

528) Reiche Landschaft mit weiter Ferne; nach Lambert. 15"
— 18" 8'''.
529) Wilde Gegend im Stil des Salvator Rosa; nach Martorelli. 13" 11''' — 18" 9'''.
530) Landschaft mit tanzenden Figuren; nach Claude Lorrain. 11" 2''' — 14" 8'''.
531) Landschaft mit einer Stadt im Mittelgrunde; nach demselben. 11" — 14" 10'''.
532) Landschaft mit Figuren und Kähnen mit Fischern; eben so. Besonders schön. 10" 10''' — 14" 10'''
533) The happy Peasants (Landschaft mit Vieh); nach Berghem. 9" 5''' — 13" 5'''.
534—35) The Morning — The Evening (Landschaften mit Vieh). nach Cuyp. 9" 11''' — 13" 7'''.

Volpato, Johann,
geb. zu Bassano um 1738, gest. zu Rom 1803.

536) Die Aurora im Palast Ludovisi zu Rom; nach Guercino. Vorzüglicher Druck. 16" 9''' — 34" 4'''.
537—43) Die Stanzen nach Raphael Sanzio: a) Die Schule von Athen. b) Die Disputa. c) Heliodor. d) Der Burgbrand. e) Der Parnass. f) Petri Befreiung aus dem Gefängniss. g) Attila. Erste sehr schöne Drücke vor aller Retouche. 19" 11''' — 28" 2'''. Hierzu gehören noch die Blätter von Morghen u. Fabri. Siehe diese.

Anm. Heliodor und Attila sind auch von Anderloni sehr schön gestochen.

544—45) Joel Propheta — Sibilla Delphica; nach Michael Angelo. Aus der Sixtinischen Capelle. In sehr schönem Druck. 17" 5''' — 13" 6'''.
546) Die Grablegung; nach Raphael Sanzio. 17" 7''' — 15" 5'''. Vorzüglicher alter Druck. (Auch von Amsler schön gestochen.)
547) Die 4 Sibyllen in der Kirche S. Maria della Pace, Capelle Chigi; nach demselben, ebenso. 8" 8''' — 19" 6'''.

Vorsterman, Lucas (der Vater),
geb. zu Antwerpen um 1578, gest. daselbst um 1630.

548) Die grosse Anbetung der Könige in 2 Blättern; nach Rubens, wie die Folgenden; in herrlichem Druck. 21" — 28" 2'''.
549) Die Anbetung der Hirten mit dem Spinnennetz. 21" 7''' — 16" 4'''.
550) Der Engelsturz. 20" 10''' — 16" 4'''.
551) Loth wird aus Sodom geführt. 12" 2''' — 14" 9'''.

552) Die Anbetung der Hirten mit dem grossen Schatten. 10″ 6‴ — 16″ 9‴.
553) Der Zinsgroschen. 10″ — 13″ 11‴.
554) Der Ritter St. Georg; nach Raphael Sanzio. 10‴ 10‴ — 8″ 1‴.
555) Kaiser Karl V., nach einem Bilde Tizians von Rubens. 15″ 10‴ — 11″ 2‴.
556) Der Connetable von Bourbon, nach Tizian. 10″ 6‴ — 8″ 7‴.
557) Wolfgang Wilhelm Comes Palatinus Rheni; nach van Dyck. 1. Druck mit dem C im Grunde rechts unten. 8″ 4‴ — 6″ 4‴.
Alle diese Blätter vorzüglich.

Vorsterman, Lucas (der Sohn),
geb. zu Antwerpen um 1600, gest. um 1670.

558) Lucas Vorsterman (der Vater); nach van Dyck. Sehr schön. 8″ 4‴ — 6″ 8‴.

Wagner, Friedrich,
geb. zu Nürnberg 1803, lebt in München.

559) Das Abendmahl; nach Leonardo da Vinci. Vorzügl. Druck mit offener Schrift und mit sesta prova. 16″ 6‴ — 33″ 11‴.

Obgleich bei diesem trefflichen Blatte der Stich von Morghen zum Vorbilde gedient hat, so wurden doch, nebst einer vom Künstler selbst nach dem, noch am wenigsten verblichenen Christuskopf gemachten Zeichnung, zu den Aposteln alte Studienköpfe und zu den Händen eigene Studien nach der Natur benutzt. Siehe Morghen bei No. 356.

560) Die Kreuzabnahme; nach Rubens. Erster Druck von Felsing, vor der Schrift, deren nur wenige abgezogen worden. Ganz vorzüglich. 27″ 5‴ — 18″ 6‴.

Dieses Blatt ist keineswegs eine Copie nach dem bedeutend kleineren, übrigens sehr achtungswerthen Stiche von Vorsterman, ebenfalls im Besitz des Verfassers, wie sich schon aus einem oberflächlichen Vergleichen der Zeichnung ergiebt. Der oben so bescheidene als strebsame Künstler hat diese (ebenso wie zu den noch angeführten Blättern) in Antwerpen selbst nach dem Originale mit grösster Treue und Sorgfalt ausgeführt, welches von denen, welche dasselbe gesehen, unbedingt anerkannt wird.

561) St. Sebastian; nach Carlo Dolce. 1. nur mit eingeritztem F. W. bezeichneter Druck. Ebenfalls vortrefflich. 10″ 9‴ — 8″ 6‴.
562) Columbus; nach Wappers, in eigenthümlich gemischter Manier; vor der Schrift, besonders schön. 11″ 7‴ — 9″ 3‴.
563) Die Albanerin; nach de Keyser. Schönes Blatt in vorzüglichem Druck. 12″ 7‴ — 9″ 6‴.
564) Sacontala; sehr schöner Stich; nach Riedel, in vorzügli-

chem Druck mit der Dedication, deren nicht viele vorhanden sind, welche nach des Stechers Urtheil selbst die vor der Schrift übertreffen. 13" 9''' — 8" 11'''.

565) Hieronymus Holzschuher; nach Albrecht Dürer. Meisterhafter Stich dieses vorzüglichen Bildes und vortrefflicher Druck vor aller Schrift. 13" — 9" 7'''.

566) Albrecht Dürer; nach dem eigenen Bilde, ist vor Kurzem in der Grösse des vorigen als Seitenstück dazu erschienen und in treuester Auffassung des Originals wohl gewiss dem Stich von F. Forster vorzuziehen.

Es ist zu bedauern, dass die Platten dieser Stiche meistens beim Druck sehr angegriffen wurden, vorzügliche Drucke mithin selten sind. Der Verfasser hatte das Glück, dergleichen für sich und einige Kunstfreunde aus des Künstlers eigener Hand zu erhalten. Auch unter der grossen Zahl seiner kleineren Arbeiten giebt es sehr interessante und höchst sorgfältig ausgeführte Blätter und von den grösseren ist noch ein Ecce homo (Christus und Pilatus) nach Memling zu erwähnen. Die schönen Engel in den vier Ecken sind von dem Stecher selbst gezeichnet. 15" 6''' — 11" 9''',

Waterloo, Anton,
geb. zu Utrecht oder Amsterdam um 1618, gest. in dem Spitale St. Job bei Utrecht 1660, nach Andern aber später.

567) Die Linde vor dem Wirthshause. 8" 7''' — 11" 1'''.
568) Landschaft mit ruhendem Wanderer und einem Hunde. 8''' 3''' — 11".

Weber, Friedrich,
geb. zu Liestal bei Basel 1813.

569) Hans Holbein der jüngere; nach seinem eigenen Bilde. Vorzüglich. 9" 5''' — 7" 3".

Derselbe hat auch die Vierge au Linge nach Raphael Sanzio sehr schön gestochen.

Wildt, Carl,
geb. zu Priorau bei Dessau 1809.

570) Der Eremit; nach Gerhard Dow. Vorzügliche Lithographie. 19" 6''' — 15" 2'''.

Wille, Joh. Georg,
geb. in einer Mühle ohnweit Königsberg bei Giessen 1715, gest. zu Paris 1808.

571) Agar présentée à Abraham par Sarah; nach Dietrich. Alter vorzüglicher Druck ohne Retouche, sowie die Folgenden. 12" 11''' — 18" 5'''.
572) Tricoteuse hollandoise; nach Franz Mieris. 13" 4''' — 10" 7'''.
573) Bons amis; die beiden Tabakraucher; nach Ostade. 9" 2''' — 8" 2'''.
574) L'Observateur distrait (der Seifenbläser); nach Fr. Mieris. 8" 7''' — 7" 7'''.

575) Jeune Joueur d'instrument; nach Schalken. 8" 7"' — 7" 10"'.
576) Fridericus II. (noch jugendlich mit dem Hute auf dem Kopf); nach Pesne. 14" 5"' — 10" 5"'.
577) Maurice de Saxe; nach Rigaud. 17" — 12" 6"'.
578) Jean Baptiste Massé; nach Tocqué. 16" 6"' — 12" 5"'.
579) Abel François Marquis de Marigny; nach demselben. 1. Druck vor den Worten: pour sa reception. 16" 2"' — 12" 5"'.
580) Louis Phelipeaux Comte de St. Florentin; nach demselben. Die früheren Drucke sind vor dem Worte Ministre. 16" 7"' — 13" 1"'.

Woollett, Wilhelm,
geb. zu Maidstone in der Provinz Kent 1735, gest. zu London 1785.

581) Jacob und Laban; sehr schöne Landschaft nach Claude Lorrain, in vorzüglichem Druck. 19" 5"' — 29".
582) Roman Edifices in Ruins; nach demselben. Vorzüglicher Druck, sehr selten. 16" 4"' — 22".
583) Niobe; Landschaft nach Wilson. Seltener vortrefflicher Druck, wo die Figuren klar. 16" 5"' — 22" 3"'.
584) Phaeton; ebenso, vorzügl. Druck, selten. 16" 4"' — 22" 5"'.
585) Erste Preislandschaft; nach Georg Smith. Sehr schön. 16" 6"' — 22" 4"'.
586) Zweite Preislandschaft; nach John Smith. Ebenso. 16" 6"' — 22" 4"'.
587) Meleager und Atalanta; Landschaft nach Wilson und Mortimer. Herrlicher Druck vor der Benennung und mit 1. Adresse von Sayer und Bennett. 14" 10"' — 20" 5"'.
588) Dido und Aeneas; nach Jones und Mortimer, die Figuren von Bartolozzi gestochen; ebenso. 14" 9"' —20" 3"'. Mit 1. Adr.: Nord-Street.
589) Ceyx und Alcyone; nach Wilson. Vorzüglich, mit 1. Adr. Green Street Leicester Fields. 15" — 20" 2"'.
590) Celadon und Amelia; nach demselben. Vortrefflich mit 1. Adr.: Green Street. 14" 11" — 20".
591) Cicero at his Villa; ebenso. 1. Adr. mit Green Street. 15" 1"' — 20" 1"'.
592) Solitude; ausgezeichnet schön. 1. Adr. mit Green Street. 14" 7"' — 20" 2"'.
593) Macbeth; Landschaft nach Zuccarelli. Vorzüglich, mit 1. Adr.: Green-Street. 14" 10"' — 20" 1"'.
594) The Fishery; nach Richard Wright. 1. Adr. mit Green Street. 14" 10 — 20" 1"'. In so herrlichem Druck selten und nur zu hohem Preise.

595) Waldlandschaft nach C. Poussin. Sehr schön. 1. Adr. mit Longscourt, Martins-Street. 12″ 10‴ — 16″ 7‴.
596) Tobias und the Angel; Landschaft nach Glauber und Lairesse, ebenso. 12″ 11‴ — 16″ 9‴.
597) Morning; nach Swanevelt, nach Wollett's Tode erschienen. 14″ 11‴ — 20″ 1‴.
598) Evening; desgleichen, beide mit 1. Adr.: Nord Street, und sehr schön. 14″ 11‴ — 20″ 1‴.

Zöllner, Ludwig,
geb. zu Oschatz in Sachsen 1798.

599) Johanna von Arragon; nach Raphael Sanzio. Schöne Lithographie. 12″ 6‴ — 10″ 5‴.

Zuliani, Felix,
geb. zu Venedig in der ersten Hälfte des 18. Jahrhunderts, gest. zu St. Peter um 1828.

600) Der Tod des Dominicaners St. Peter des Märtyrers; nach dem berühmten Gemälde Tizians zu Venedig. Sehr schönes Blatt und vorzüglicher Druck. 25″ 9‴ — 15″ 8‴.

IV.

Verzeichniss

der Maler, welche in dem vorhergehenden Abschnitt genannt worden sind.

Albani, Franz; geb. zu Bologna 1578, gest. daselbst 1660.
Allegri, Anton (Correggio); geb. zu Correggio 1494, gest. daselbst 1534.
Allori, Christoph; geb. 1777 zu Florenz, gest. 1621, wahrscheinlich daselbst.
Audran, Claudius; geb. zu Lyon 1639 oder 1641, gest. zu zu Paris 1684.
Bacler d'Albe, Ludw. Alb.; geb. zu St. Paul 1762, gest. 1824.
Barbarelli, Georg (Giorgione), geb. zu Castel Franco im Trevisanischen um 1477, gest. 1511 wahrscheinlich zu Venedig.
Baroccio, Friedr. (Barozzi, auch Fiori d'Urbino genannt); geb. zu Urbino 1528, gest. 1612.
Barbieri, Franz (Guercino, der Schielende); geb. zu Cento 1591, gest. zu Bologna 1666.
Bartolomeo di S. Marco, siehe Porta.

Battoni, Pompeo; geb. zu Lucca 1708, gest. zu Rom 1787.
Belle, Simon Alex. la; geb. zu Paris 1674, gest. wahrscheinlich daselbst 1734.
Bendemann, Eduard; geb. zu Berlin 1811, jetzt Director der Academie zu Düsseldorf.
Berghem, Nicolaus; geb. zu Haarlem 1624, gest. daselbst 1683. Sein Familienname war Klaase.
Birmann, Peter; geb. zu Basel, lebte in Rom um 1790.
Bloemaert, Abraham (Blom); geb. zu Gorcum 1564 oder 67, gest. zu Utrecht 1647.
Bonarotti (Buonarroti) Michel Angelo; geb. zu Caprese 1474, gest. zu Rom 1564.
Both, Johann; geb. zu Utrecht 1610, gest. daselbst 1650 oder 51.
Boullogne, Louis de; geb. zu Paris 1650, gest. daselbst 1733.
Brun, Carl le; geb. zu Paris 1619, gest. daselbst 1690.
Brun, Louise Elisab. Vigée le; geb. zu Paris 1755, gest. daselbst 1842.
Buonacorsi, siehe Vaga.
Burch, van der; geb. ... gest. zu Paris um 1803.
Cagliari, Paul (Caliari, Veronese); geb. zu Verona 1528 oder 32; gest. zu Venedig 1588.
Callet, Anton Franz; geb. wahrscheinlich zu Paris 1741, gest. daselbst 1823.
Carracci, Augustin; geb. zu Bologna 1557, gest. zu Parma 1602.
Carracci, Hannibal; geb. zu Bologna 1560, gest. zu Rom 1609.
Carravaggio, siehe Merigi.
Champaigne, Philipp de; geb. zu Brüssel 1602, gest. wahrscheinlich zu Paris 1674.
Claude Lorrain, siehe Gelée.
Cnyp, Albert (Cuyp); geb. zu Dordrecht 1605 oder 6, gest. nach 1672.
Corneille, Joh. Bapt.; geb. 1646, gest. zu Paris 1695.
Cornelius, Peter v.; geb. zu Düsseldorf 1787.
Correggio, siehe Allegri.
Coypel, Anton (Noel's Sohn); geb. zu Paris 1661, gest. daselbst 1722.
Coypel, Carl (Antons Sohn); geb. zu Paris 1694, gest. daselbst 1753.
Coypel, Noel (Natalis); geb. wahrscheinlich zu Paris 1628 oder 29, gest. daselbst 1707.
Crespi, Daniel; geb. zu Mailand 1592, gest. daselbst nach 1630.
Crosti, siehe Passignani.
Deger, Ernst; geb. zu Beckenem bei Hildesheim 1809, lebt in Düsseldorf.

Devéria und Crespi le Prince, wahrscheinlich in Paris.
Dietrich, Christian Wilh. Ernst; geb. zu Weimar 1712, gest. zu Dresden 1774.
Dolce, Carlo; geb. wahrscheinlich zu Florenz 1616, gest. daselbst 1686.
Dominichino, siehe Zampieri.
Dow, Gerhard (Douw); geb. zu Leyden 1613, gest. das. 1680.
Dughet, Caspar (genannt Poussin nach seinem Schwager und Lehrer); geb. zu Rom 1613, gest. daselbst 1675.
Duchatel, (Chatel du) Franz; geb. zu Brüssel. lebte um 1670.
Duplessis, J. S. (Plessis du); lebte zu Paris um 1770.
Dürer, Albrecht; geb. zu Nürnberg 1471, gest. das. 1528.
Dyck, Anton van; geb. zu Antwerpen 1599, gest. das. 1641.
Dyck, Philipp van; geb. zu Amsterdam 1680, gest. zu Middelburg 1752.
Eckhout, Gerbrant van; geb. zu Amsterdam 1621, gest. zu Lissabon 1674.
Elzheimer, Adam; geb. zu Frankfurt a. M. 1574, gest. zu Rom 1620.
Eyck, Joh. van; geb. zu Maaseyck 1370, gest. wahrscheinlich zu Gent 1441.
Fittler, ist als Maler nur durch No. 56 Abtheil. III. bekannt; ein Kupferstecher dieses Namens lebte zu London noch zu Ende des vorigen Jahrhunderts.
Frisch, Joh. Christoph; geb. zu Berlin 1730, gest. das. 1815.
Füger, Friedr. Heinrich; geb. zu Heilbronn 1751, gest. zu Wien 1818.
Geléc, Claudius (Claude Lorrain); geb. auf dem Schlosse Champagne in Lothringen in der Nähe von Toul 1600, gest. zu Rom 1682.
Gerard, Franz; geb. zu Rom 1770, gest. zu Paris 1836 oder 1837.
Gessner, Salomon; geb. zu Zürich 1734, gest. das. 1788.
Giordano, Lucas (genannt fa presto); geb. zu Neapel 1632, gest. daselbst 1705.
Giorgione, siehe Barbarelli.
Glauber, Johann; geb. zu Utrecht 1646, gest. zu Amsterdam 1726.
Graff, Anton; geb. zu Winterthur 1736, gest. zu Dresden 1813.
Guercino, siehe Barbieri.
Hackert, Philipp; geb. zu Prenzlau 1734, gest. in seiner Villa bei Florenz 1807.
Hemlink (Memling), Johann; geb. zu Damme bei Brügge, lebte um 1470.
Hess, Peter; geb. zu Düsseldorf 1792, lebte 1857 noch in München.

Holbein, Hans, der jüngere; geb. zu Angsburg oder Basel 1498, gest. zu London 1554.
Hübner, Julius; geb. zu Oels in Schlesien 1806, jetzt Professor und Gallerie-Director in Dresden.
Jacobs, Paul Emil; geb. zu Gotha 1802, lebt daselbst.
Jones, Thomas; geb. vor 1750, gest. zu London um 1790.
Jouvenet, Johann; geb. zu Rouen 1644, gest. zu Paris 1717.
Kauffmann, Angelica (vermählt mit dem Maler Zucchi); geb. 1742 zu Schwarzenberg, einem Dörfchen im Walde von Bregenz, gest. zu Rom 1808.
Keyser, Nicaise de; geb. zu Santvliet in der Provinz Antwerpen 1813.
Koehler, Christian; geb. zu Werden in der Altmark 1809.
Koekkoek, Bernard Corn.; geb. zu Middelburg in den Niederlanden 1803, gest. zu Cleve 1862.
Lambert, Georg; geb. in der Grafschaft Kent um 1710, gest. zu London 1765.
Largillière, Nicolaus de; geb. zu Paris 1656,, gest. daselbst 1746
Lairesse, Gerhard de; geb. zu Lüttich 1640, gest. zu Amsterdam 1711.
Lessing, Carl Friedrich; geb. zu Poln. Wartenberg in Schlesien 1808, jetzt Galleriedirector in Carlsruhe.
Luini (Lovino), Bernhard; geb. zu Luino am Lago maggiore um 1460, lebte um 1530 zu Mailand.
Maratti (Maratta), Carlo; geb. zu Camerano 1625, gest. zu Rom 1713.
Martorelli (Martoriello), Cajetan; geb. zu Neapel um 1672, gest. wahrscheinlich daselbst 1723.
Memling, siehe Hemling.
Metsu (Metzu), Gabriel; geb. zu Leyden 1615, gest. zu Amsterdam nach 1664.
Merigi, Michel Angelo, oder Amerigi da Caravaggio, sogenannt von seinem Geburtsorte im Mailändischen, geb. 1569, gest. zu Rom 1609.
Mielly, Franz, lebte um 1740 zu Neapel.
Millet, Franz Joh. (Francisque); geb. zu Antwerpen 1643, gest. zu Paris 1680.
Mieris, Franz van; geb. zu Delft 1635, gest. zu Leyden 1681.
Mignard, Peter; geb. zu Troyes in Champagne 1610, gest. zu Paris 1695.
Mignard, Nicolaus (Bruder des Vorigen); geb. zu Troyes 1608, gest. zu Paris 1668.
Mintrop, Theodor; geb. auf dem Bauerhofe Borkhofen in Haidhausen bei Werden an der Ruhr 1814, lebt in Düsseldorf.

Molitor, Martin von; geb. zu Wien 1759, gest. das. 1812.
Mortimer, Johann Hamilton; geb. zu Eastburne in Dussex, gest. wahrscheinlich zu London 1779.
Mücke, Heinrich; geb. zu Breslau 1806, Professor in Düsseldorf.
Murillo, Bartholom. Stephan; geb. zu Pilar bei Sevilla 1618, gest. daselbst 1682.
Netscher, Caspar; geb. zu Heidelberg 1639, gest. im Haag 1684.
Noel, Johann Alexander; geb. wahrscheinlich zu Paris 1750, gest. nach 1822.
Oeser, Adam Friedrich; geb. zu Pressburg 1717, gest. in Leipzig 1799.
Ostade, Adrian van; geb. zu Lübeck 1610; gest. zu Amsterdam 1685.
Overbeck, Friedrich; geb. zu Lübeck 1789, lebt in Rom.
Passignani, (Crosti) Dominik; geb. zu Florenz 1558, gest. daselbst 1638.
Patel, Pierre; geb. zu Paris um 1650, blieb im Duell 1705.
Pesne, Anton; geb. zu Paris 1724, gest. zu Berlin 1757.
Porta, Baccio della (Fra Bartolomeo di S. Marco); geb. zu Savignano 1469, gest. zu Florenz 1517.
Poussin, Caspar, siehe Dughet.
Poussin, Nicolaus; geb. zu Andely in der Normandie 1594, gest. zu Rom 1665.
Rembrandt van Ryn; geb. in einer Mühle ohnweit Leyden 1606, gest. zu Amsterdam 1665, nach Andern 1674.
Reni, Guido: geb. zu Calvenzano bei Bologna 1575, gest. zu Bologna 1642.
Restout, Johann; geb. zu Rouen 1692, gest. zu Paris 1768.
Ricciarelli, Daniel (da Volterra); geb. zu Volterra 1509, gest. zu Rom 1566.
Riedel, August; geb. zu Baireuth 1800, lebt in Rom.
Rigaud, Hyacinth; geb. zu Perpignan 1659 oder 63, gest. zu Paris 1743 oder 48.
Rosa, Salvator; geb. zu Borgo di Renella bei Neapel 1615, gest. zu Rom 1673.
Roy, S. le; lebte in der ersten Hälfte des 18. Jahrhunderts, vermuthlich in Paris.
Rubens, Peter Paul; geb. zu Cöln 1577, gest. zu Antwerpen 1640.
Sacchi, Andreas; geb. zu Rom 1599, gest. daselbst 1661.
Santerre, Johann Bapt.; geb. zu Magny bei Pontoise 1651, gest. zu Paris 1717.
Sanzio, Raphael; geb. zu Urbino 1483, gest. zu Rom 1520.
Sarto, Andreas del, siehe Vannuchi.
Schadow, Wilhelm von; geb. zu Berlin 1788, gest. zu Düsseldorf 1862. War Director der Academie daselbst.

Schalken, Gottfried; geb. zu Dordrecht 1643, gest. im Haag 1706.
Schidone, Bartholomaeus; geb. zu Modena 1580, gest. daselbst 1615.
Smith, Georg; geb. zu Chicester um 1730, gest. zu London 1776.
Smith, Johann; geb. zu Chichester, jüngerer Bruder Georgs, gest. 1764.
Sohn, Carl; geb. zu Berlin 1805, Professor in Düsseldorf.
Soutman, Peter; geb. zu Harlem um 1580, gest. nach 1650.
Steinbrück, Eduard; geb. zu Magdeburg 1802.
Sueur, Eustachius le; geb. zu Mont Didier 1617, gest. zu Paris 1655.
Swancvelt, Herrman; geb. zu Woerden 1620, gest. zu Rom 1690.
Tizian, siehe Vecelli.
Tocqué, Johann Ludw.; geb. zu Paris 1696, gest. das. 1772.
Tour, Moritz Quintin de la; geb. zu S. Quintin 1705, gest. daselbst 1788.
Troy, Franz de; geb. zu Toulouse 1645, gest. zu Paris 1730.
Troy, Johann Franz de (der Sohn); geb. zu Paris 1677 oder 1680, gest. zu Rom 1752.
Turchi, Alexander, genannt Veronese, auch l'Orbetto; geb. zu Verona 1580 oder 82, gest. zu Rom 1648, nach Andern 1650.
Vaga, Perin del (Buonacorsi); geb. zu Florenz 1500, gest. zu Rom 1547.
Vasari, Georg; geb. zu Arezzo 1512, gest. zu Florenz 1574.
Vannuchi, Andreas (del Sarto); geb. zu Florenz 1488, gest. daselbst 1530.
Vecelli, Tizian; geb. zu Pieve an der Grenze von Friaul 1477, gest. zu Venedig 1576.
Veith, Johann Philipp; geb. zu Dresden 1769, gest. 1835.
Velasquez da Silva, Diego; geb. zu Sevilla 1599, gest. zu Madrid 1660.
Vernansal, Ludwig Guido; geb. zu Fontainebleau, gest. zu Paris 1729.
Vernet, Joseph; geb. zu Avignon 1712 oder 14, gest. wahrscheinlich zu Paris 1789.
Veronese, Alexander, siehe Turchi. — Paul, siehe Cagliari.
Vinci, Leonardo da; geb. auf dem Schlosse Vinci bei Florenz 1452, gest. zu St. Cloud 1519.
Vivien, Joseph; geb. zu Lyon 1657, gest. zu Bonn 1735.
Volterra, da, siehe Ricciarelli.
Wappers, Gustav; geb. 1803 zu Antwerpen, woselbst er lebt.
Werff, Adrian van der; geb. zu Kralingerambacht bei Rotterdam 1659, gest. zu Rotterdam 1718 oder 22.

West, Benjamin; geb. zu Springfield in Pensylvanien 1738, gest. zu London 1820.
Wilson, Richard; geb. zu Pianges in Nord-Wales 1714, gest. zu London 1782.
Wolf, Johann; geb. zu Berlin um 1798, lebt nicht mehr.
Wright, Joseph; geb. 1734, gest. zu Derby 1797.
Wright, Richard; geb. zu Liverpool 1730, gest. zu London 1780.
Zampieri, Dominicus (Dominichino); geb. zu Bologna 1581, gest. zu Neapel 1641.
Zuccarolli, Franz; geb. zu Pigliano im Florentinischen 1702 oder 1704, gest. zu Florenz 1788 oder 89.
Zucchero, Friedrich; geb. zu St. Angelo di Vado im Herzogthum Urbino 1543, gest. zu Ancona 1609.

Die in Abtheilung III verzeichneten Blätter, nach den hier genannten Meistern, sind eine Auswahl des allgemein Ansprechenden aus der, jetzt gegen 900 Nummern enthaltenden Sammlung des Verfassers, welche hinsichtlich der Wahl ihrer Vorbilder und Schönheit der Abdrücke, sowie deren Erhaltung, nach dem Urtheil Aller, welche dieselbe gesehen, schwerlich übertroffen und nicht leicht wieder so vereinigt werden dürfte.

Druck von Bär & Hermann in Leipzig.